Modernes Russisch

ОКНО

Grammatisches Beiheft

2

OKNO

Ernst Klett Verlag
Stuttgart München Düsseldorf Leipzig

Modernes Russisch — OKHO 2

Grammatisches Beiheft

Zeichenerklärung

Achtung! Wichtige Regel!

Verweis auf eine früher bereits vorgestellte Regel.

Gedruckt auf Recyclingpapier,
hergestellt aus 100% Altpapier.

1. Auflage 1 9 8 7 6 | 2004 2003 2002 2001

Dieses Werk folgt im Deutschen der reformierten Rechtschreibung und Zeichensetzung.
Alle Drucke dieser Auflage können im Unterricht nebeneinander benutzt werden, sie sind untereinander unverändert. Die letzte Zahl bezeichnet das Jahr des Druckes.

Umschlaggestaltung: Hanjo Schmidt, Stuttgart
Satz: Druckerei zu Altenburg GmbH, Altenburg
Druck: Druckhaus Vogel GmbH, 70771 L.-Echterdingen
ISBN 3-12-527452-4

Inhaltsverzeichnis

Урок 1 A

§ 1 Genitiv Plural der maskulinen Substantive

У ученикóв 11-ого класса в мае экзамены.	Die Schüler der 11. Klasse haben im Mai Prüfungen.
Это комната для учителéй.	Das ist ein Zimmer für Lehrer.
У меня нет карандашéй.	Ich habe keine Bleistifte.
В этом городе нет музéев.	In dieser Stadt gibt es keine Museen.

Maskuline Substantive, die auf einen **harten Konsonanten** auslauten, haben im Genitiv Plural die Endung **-ов**:

мáльчик**ов**, клáсс**ов**, автóбус**ов**, учéбник**ов**, разговóр**ов**, стол**óв**, мотоциклúст**ов**, дом**óв**, шкаф**óв**, спортсмéн**ов**, журнáл**ов**, язык**óв**

Nach **ц** steht **-ов**, wenn die Endung **betont** ist: отéц → отц**óв**.
Ist sie **unbetont,** steht **-ев**: мéсяц → мéсяцев

Maskuline Substantive, die auf einen **weichen Konsonanten** oder einen **Zischlaut** auslauten, haben im Genitiv Plural die Endung **-ей**:

учител**éй**, гост**éй**, корабл**éй**, дожд**éй**, календар**éй**, желуд**éй**, врач**éй**, этаж**éй**, карандаш**éй**

Lautet der Stamm auf **-й** aus, so steht die Endung **-ев**:

муз**éй** → муз**éев**, попуг**áй** → попуг**áев**.

Flüchtiges -е und -о treten auch im Genitiv Plural auf:

день → дней, инострáнец → инострáнцев, круж**ó**к → кружк**óв**, звон**ó**к → звонк**óв**, в**é**тер → ветр**óв**, рис**ý**нок → рис**ý**нков

Besonders zu beachtende Formen sind: лю́ди → людéй, друзья́ → друзéй, родúтели → родúтелей, ребя́та → ребя́т.

§ 2 Genitiv Plural der neutralen Substantive

Нет текстов без слов.	Es gibt keine Texte ohne Worte.
В кафе не было мест.	Im Café gab es keine (freien) Plätze.

Neutrale Substantive sind im Genitiv Plural in der Regel **endungslos:**

слов_, мест_, озёр_, дел_, лет_, лиц_, горл_, óтчеств_, я́блок_

Auch hier erfolgt bei einer Reihe von Substantiven ein **Einschub von -е oder -о**:

письмó → пúс**е**м, крéсло → крéс**е**л, числó → чúс**е**л, окнó → óк**о**н

Abweichende Formen sind: яйцó → яúц, мóре → морéй, плáтье → плáтьев, ýхо → ушéй, чýдо → чудéс.

§ 3 Genitiv Plural der femininen Substantive

У меня нет пробле́м.	Ich habe keine Probleme.
На озере нет ло́док.	Auf dem See gibt es keine Boote.
На ферме не было больше свине́й.	Auf dem Bauernhof gab es keine Schweine mehr.

Der Genitiv Plural **femininer** Substantive ist stets **endungslos:**	пробле́м_, школ_, у́лиц_, групп_, почт_, библиоте́к_, ико́н_, дач_, книг_, гости́ниц_, соба́к_, гор_
Bei einer Reihe von Substantiven erfolgt ein **Einschub von -е oder -о:**	де́вушка → де́вуш**е**к, де́вочка → де́воч**е**к, ба́бушка → ба́буш**е**к, пе́сня → пе́с**е**н, су́мка → су́м**о**к, пала́тка → пала́т**о**к, доска́ → до́с**о**к, гитари́стка → гитари́ст**о**к

Abweichende Formen sind: неде́ля → неде́ль, ку́хня → ку́хонь, ю́ноша → ю́ношей, свинья́ → свине́й.

§ 4 Rektion der Kardinalzahlen ab 5

пять экзамен**ов**	fünf Prüfungen
одиннадцать дн**ей**	elf Tage
двадцать шесть человек	sechsundzwanzig Personen

Nach den Kardinalzahlen 5–20 steht das Substantiv im **Genitiv Plural.**

In den zusammengesetzten Kardinalzahlwörtern ab 20 hängen Numerus und Kasus der Substantive vom letzten Glied ab.	двадцать **один** стол_ двадцать **два** (**три**, **четыре**) стол**а́** двадцать **пять** стол**о́в**

Nach den Kardinalzahlen ab 5 steht anstelle der Genitivform von **люди (люде́й) – человек.**

§ 5 Rektion unbestimmter Zahlwörter

сколько друзе́й	wie viel Freunde
много спортсме́нов	viele Sportler
несколько де́вушек	einige Mädchen
мало учителе́й	wenig(e) Lehrer
немного учеников́	einige Schüler

Nach **unbestimmten Zahlwörtern** steht das Substantiv **im Genitiv Plural.**

Урок 1 B

§ 6 Dativ, Akkusativ, Instrumental und Präpositiv Plural der Substantive

Директор рассказывает гост**я́м** и журнали́ст**ам** о школе.	Der Direktor erzählt den Gästen und Journalisten von der Schule.
Гости осматривают кабине́т**ы** и спортза́л**ы**.	Die Gäste besichtigen die Fachräume und Turnhallen.
Они фотографируют учени́ц_ и учени**ко́в**.	Sie fotografieren die Schülerinnen und Schüler.
Журналисты знакомятся с ребя́т**ами** и их роди́тел**ями**.	Die Journalisten machen sich mit den jungen Leuten und deren Eltern bekannt.
Гости не забудут об учени**ка́х** и учител**я́х**.	Die Gäste werden die Schüler und Lehrer nicht vergessen.

Im **Dativ** Plural haben die maskulinen, femininen und neutralen Substantive mit **hartem Stammauslaut** die Endung **-ам**.

па́рк**ам**, у́лиц**ам**, мест**а́м**

Bei **weichem** Stammauslaut steht die Endung **-ям**:

дн**ям**, неде́л**ям**, мор**я́м**

Der **Akkusativ** Plural maskuliner, femininer und neutraler Substantive stimmt bei **Unbelebtheit** mit dem **Nominativ** Plural, bei **Belebtheit** mit dem **Genitiv** Plural überein:

собо́р**ы**, ба́шн**и**, озёр**а**

ма́льчик**ов**, де́вочек_, дет**е́й**

Im **Instrumental** Plural haben maskuline, feminine und neutrale Substantive mit **hartem Stammauslaut** die Endung **-ами**.

учéбник**ами**, кни́г**ами**, слов**а́ми**

Bei **weichem** Stammauslaut enden sie auf **-ями**:

учител**я́ми**, пе́сн**ями**, мор**я́ми**

Im **Präpositiv** Plural haben maskuline, feminine und neutrale Substantive mit **hartem Stammauslaut** die Endung **-ах**.

о сад**а́х**, о ре́к**ах**, о мест**а́х**

Bei **weichem** Stammauslaut enden sie auf **-ях**:

о цар**я́х**, о деревн**я́х**, о мор**я́х**

§ 7 Pluraldeklination der Substantive (Zusammenfassung)

	Maskulina				Neutra	Feminina	
Kas.	**hart**	**weich**	**й**	**Zischlaut**	**hart**	**hart**[2]	**weich**
Nom.	кла́сс**ы**	корабл**и́**	музе́**и**	этаж**и́**	слов**а́**	шко́л**ы**	пе́сн**и**
Gen.	кла́сс**ов**	корабл**е́й**	музе́**ев**	этаж**е́й**	слов_	школ_	пе́сен_
Dat.	кла́сс**ам**	корабл**я́м**	музе́**ям**	этаж**а́м**	слов**а́м**	шко́л**ам**	пе́сн**ям**
Akk.[1]	кла́сс**ы**	корабл**и́**	музе́**и**	этаж**и́**	слов**а́**	шко́л**ы**	пе́сн**и**
Instr.	кла́сс**ами**	корабл**я́ми**	музе́**ями**	этаж**а́ми**	слов**а́ми**	шко́л**ами**	пе́сн**ями**
Präp.	о кла́сс**ах**	о корабл**я́х**	о музе́**ях**	об этаж**а́х**	о слов**а́х**	о шко́л**ах**	о пе́сн**ях**

[1] Bei unbelebten Substantiven: Akk. = Nom. Bei belebten Substantiven Akk. = Genitiv.
[2] Diese Deklination gilt auch für Substantive, deren Stamm auf ч, щ auslautet.

Урок 1 Г

§ 8 Konzessivsätze (хотя)

Хотя он спешил, он опоздал.	Obwohl er sich beeilte, kam er zu spät.
Он опоздал, хотя очень спешил.	Er kam zu spät, obwohl er sich beeilte.

Die Konzessivsätze (dt. mit obwohl, obgleich) werden im Russischen mit der Konjunktion **хотя́** gebildet. Dabei können die Nebensätze sowohl vor als auch nach den Hauptsätzen stehen.

§ 9 Das Präfix по- zur Kennzeichnung einer zeitlich eingegrenzten Handlung

В кафе они **по**говори́ли, **по**сиде́ли, **по**пи́ли кофе.	Sie haben im Café eine Zeitlang geredet, gesessen und Kaffee getrunken.

Bei einigen Verben kennzeichnet das Präfix **по-** die zeitliche Eingrenzung der Handlung. Es hat die Bedeutung von „ein wenig“, „eine kurze Zeit“, „etwas“, „eine Weile“, „eine Zeit lang“.

потанцева́ть eine Zeitlang tanzen
посиде́ть eine Weile sitzen (bleiben)
поговори́ть ein wenig (über etwas) sprechen
походить eine Weile umhergehen

Bei den mit den **bestimmten Verben der Bewegung** gebildeten Verben (пойти, поехать) hebt по- jedoch den Beginn der Handlung hervor („losgehen“, „losfahren“).

Урок 2 O

§ 10 Kardinalzahlen ab 40

40	со́рок	200	две́сти	1 000	ты́сяча
50	пятьдеся́т	300	три́ста	2 000	две ты́сячи
60	шестьдеся́т	400	четы́реста	5 000	пять ты́сяч
70	се́мьдесят	500	пятьсо́т	10 000	де́сять ты́сяч
80	во́семьдесят	600	шестьсо́т	100 000	сто ты́сяч
90	девяно́сто	700	семьсо́т	1 000 000	(оди́н) миллио́н
100	сто	800	восемьсо́т	2 000 000	два миллио́на
		900	девятьсо́т	5 000 000	пять миллио́нов

Die Zahlwörter **миллио́н** und **ты́сяча** werden wie ein maskulines bzw. feminines Substantiv dekliniert.
Sie richten sich in Kasus und Numerus nach dem Kardinalzahlwort, das vor ihnen steht.

Die Zahlwörter 50, 60, 70 und 80, sowie 500, 600, 700, 800 und 900 weisen nur **ein** Weichheitszeichen auf, und zwar **in der Mitte** des Wortes.

71	се́мьдесят оди́н (одна́, одно́, одни́)
152	сто пятьдеся́т два (две)
393	три́ста девяно́сто три
1 565	ты́сяча пятьсо́т шестьдеся́т пять
2 003	две ты́сячи три
11 500	оди́ннадцать ты́сяч пятьсо́т
2 258 666	два миллио́на две́сти пятьдеся́т во́семь ты́сяч шестьсо́т шестьдеся́т шесть

Die Bildung der zusammengesetzten Kardinalzahlen erfolgt durch **einfache Aneinanderreihung** zweier oder mehrerer Glieder. Dabei gilt die **Reihenfolge:**

Million(en) – Tausender – Hunderter – Zehner – Einer.

Das in Verbindung mit der Kardinalzahl gebrauchte Substantiv richtet sich in Kasus und Numerus nach der **Rektion der Kardinalzahl:**

Nach **1** und allen Kardinalia, die **als letztes Glied eine 1** aufweisen, steht das Substantiv im **Nominativ Singular.** Dabei stimmt das Kardinalzahlwort auch im **Genus** mit dem Substantiv überein:

со́рок оди́н стол
девяно́сто одна́ карти́на
сто одно́ сло́во

Nach **2, 3, 4** und allen Kardinalia, die **als letztes Glied 2, 3, 4** aufweisen, steht das Substantiv im **Genitiv Singular.** Das Kardinalzahlwort **2** stimmt auch im **Genus** mit dem Substantiv überein.

два до́ма, со́рок две кни́ги, сто два окна́
две́сти пятьдеся́т три ме́тра
ты́сяча пятьсо́т четы́ре челове́ка

Nach allen übrigen Kardinalzahlwörtern steht das Substantiv im **Genitiv Plural.**

пятьдеся́т киломе́тров, сто три́дцать слов
два миллио́на челове́к

§ 11 Offizielle Uhrzeitangaben (Stunden, Minuten)

Который час?	Wie viel Uhr ist es jetzt?
Сейчас трина́дцать часо́в одн**а́** мину́т**а**.	Jetzt ist es dreizehn Uhr eins.
Сейчас два часа́ **две** мину́т**ы**.	Jetzt ist es zwei Uhr zwei.
Сейчас (один) час три́дцать мину́т.	Jetzt ist es ein Uhr dreißig.
Сейчас восемна́дцать часо́в со́рок пять мину́т.	Jetzt ist es achtzehn Uhr fünfundvierzig.

Bei offiziellen Uhrzeitangaben werden **zuerst** die Stunden, **dann** die Minuten genannt.

Два́дцать часо́в одн**а́** мину́т**а**.

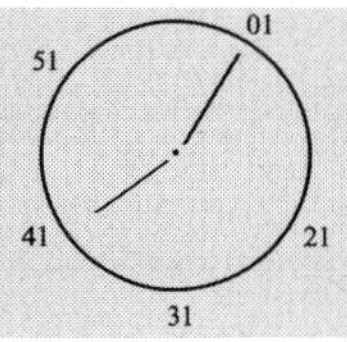

мину́та

Два́дцать часо́в две/три/четы́ре мину́ты.

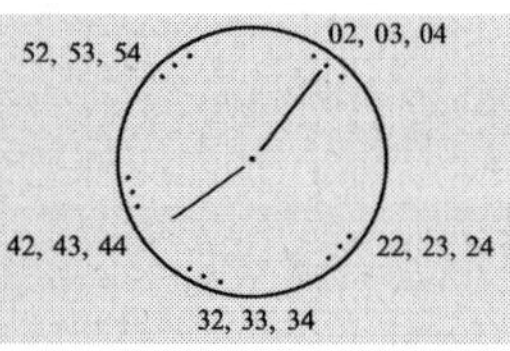

мину́ты

Два́дцать часо́в пять/шесть/семь/во́семь/де́вять ... два́дцать мину́т_.

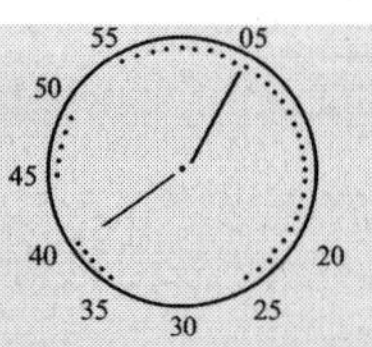

мину́т

Auf die Frage nach der Uhrzeit mit dem Fragepronomen „когда?" („в кото́ром часу́?") (wann?) steht in der Antwort **в** (um) + **Akkusativ.**

В ноль часо́в одн**у́**/два́дцать одн**у́**/три́дцать одн**у́**/... мину́т**у**.
В два часа́ две, три, четы́ре/два́дцать две/два́дцать три/... мину́т**ы**.
В пять часо́в пять/шесть/семь/... мину́т_.

Урок 2 **A**

§ 12 Präfigierte Verben der Fortbewegung

Wie **идти – ходить** und **ехать – ездить** gehören auch **лететь – летать** (fliegen) zur Gruppe der Verben der Fortbewegung, die im **unvollendeten Aspekt** über eine **bestimmte** und eine **unbestimmte Form** verfügen:

Bestimmte Form	**Unbestimmte Form**
Konkrete, einmalige, nach Zeit und Ziel bestimmte, nicht unterbrochene Bewegung	Unbestimmte, sich wiederholende oder gewohnheitsmäßige Bewegung; allgemeine Fähigkeit zur Bewegung
идти́ (uv.) иду́, идёшь, иду́т **е́хать** (uv.) е́ду, е́дешь, е́дут **лете́ть** (uv.) лечу́, лети́шь, летя́т	**ходи́ть** (uv.) хожу́, хо́дишь, хо́дят **е́здить** (uv.) е́зжу, е́здишь, е́здят **лета́ть** (uv.) лета́ю, лета́ешь, лета́ют

Он **вошёл** в эту комнату.	Er ging in dieses Zimmer hinein.
Я видел, как он **входи́л** в комнату.	Ich sah, wie er ins Zimmer ging.
Она **вы́шла** из класса.	Sie ging aus dem Klassenzimmer hinaus.
Нам нельзя **выходи́ть** из класса.	Wir dürfen nicht aus der Klasse hinausgehen.
Когда вы завтра **прие́дете** домой?	Wann werdet ihr morgen nach Hause kommen?
Каждый год он **приезжа́ет** с другом к нам в Москву.	Jedes Jahr kommt er mit dem Freund zu uns nach Moskau.
Её нет; она вчера **уе́хала.**	Sie ist nicht da; sie ist gestern weggefahren.
Она часто **уезжа́ет** к родителям.	Sie fährt häufig zu ihren Eltern.
В прошлом году мы **вы́летели** из Владивостока в 10 часов, а **прилете́ли** в Москву в 12 часов того же дня.	Im vergangenen Jahr sind wir um 10 Uhr aus Wladiwostok abgeflogen und um 12 Uhr desselben Tages in Moskau angekommen.
Раньше мы каждый год **вылета́ли** из Москвы в конце мая и **прилета́ли** в Москву только в августе.	Früher sind wir jedes Jahr Ende Mai aus Moskau abgeflogen und erst im August (wieder) in Moskau angekommen.

Werden Verben der Fortbewegung präfigiert, so **verlieren** sie das Merkmal der Bestimmtheit und Unbestimmtheit. Es entstehen **Aspektpaare.** Dabei wird das **unbestimmte Verb unvollendet** und das **bestimmte Verb vollendet.**

Unvollendeter Aspekt	Vollendeter Aspekt
входи́ть	войти́
выходи́ть	вы́йти
приходи́ть	прийти́
уходи́ть	уйти́
въезжа́ть	въе́хать
выезжа́ть	вы́ехать
приезжа́ть	прие́хать
уезжа́ть	уе́хать
влета́ть	влете́ть
вылета́ть	вы́лететь
прилета́ть	прилете́ть
улета́ть	улете́ть

Die unvollendeten Partner zu den präfigierten Formen von **ехать** werden mit **-езжать** gebildet. Das Präfix **вы-** ist bei **vollendeten** Verben stets **betont.**

Bei den Verben der Fortbewegung haben die Präfixe **в- (во-), вы-, при-, у-** folgende Bedeutung:

в- (во-)	**вы-**	**при-**	**у-**
bezeichnet die Bewegung nach innen	bezeichnet die Bewegung von innen nach außen	bezeichnet das Erreichen des Zieles der Bewegung	bezeichnet das Entfernen vom Ort
⊏ ←	⊏ →	——→●	●——→

In Verbindung mit den genannten präfigierten Verben der Fortbewegung werden folgende **Präpositionen** gebraucht:

Präpositionen	Präfixe	Präpositonen
Куда?		*Откуда?*
(nur) **в** ←	**в- (во-)**	
в школу	входи́ть/войти́	
	вы- →	(nur) **из**
	выходи́ть/вы́йти	
	при-/у-	
	приходи́ть/прийти́ → **в**, **на**, **к**; уходи́ть/уйти́ → **из**, **с**, **от**	
в		**из**
в школу		из школы
на		**с**
на работу		с работы
к		**от**
к другу		от друга

§ 13 Deklination von **путь**

Наш путь лежал через леса.	Unser Weg führte durch Wälder.
Это конец длинного пут**и́**.	Das ist das Ende eines langen Weges.
Я встретил его по пут**и́** домой.	Ich traf ihn auf dem Weg nach Hause.
Он долго искал путь в центр города.	Er suchte lange nach dem Weg ins Stadtzentrum.
Мы пошли самым коротким пут**ём**.	Wir nahmen den kürzesten Weg.
Они ещё в пут**и́**.	Sie sind noch unterwegs.

Das **maskuline** Substantiv **путь** wird wie folgt dekliniert:

Kasus	Singular	Plural
Nominativ	путь_	пут**и́**
Genitiv	пут**и́**	пут**е́й**
Dativ	пут**и́**	пут**ям**
Akkusativ	путь_	пут**и́**
Instrumental	пут**ём**	пут**я́ми**
Präpositiv	о пут**и́**	о пут**я́х**

Урок 2 **Б**

§ 14 Bildung der Adverbien auf -и

Русские говорят по-ру́сски.	Die Russen sprechen russisch.
Немцы говорят по-неме́цки.	Die Deutschen sprechen deutsch.
Испанцы говорят по-испа́нски.	Die Spanier sprechen spanisch.

Von einigen Adjektiven mit Stammauslaut auf **-ск, -цк** werden Adverbien abgeleitet, indem an die Stelle der Adjektivendung -и tritt und (meist) das Präfix по- vorangestellt wird.

ру́сск-ий	неме́**цк**-ий
↓	↓
по-ру́сск-**и**	**по**-неме́цк-**и**

Урок 2 **B**

§ 15 Deklination der femininen Substantive auf -ия

Росси́**я** огромная страна	Russland ist ein riesiges Land.
Катя из Росси́**и**.	Katja ist aus Russland.
Мы ездили по Росси́**и**.	Wir fuhren durch Russland.
Они скоро поедут в Росси́**ю**.	Sie fahren bald nach Russland.
Он познакомился с Росси́**ей**.	Er lernte Russland kennen.
Недавно она была в Росси́**и**.	Vor kurzem war sie in Russland.
В Москве есть очень красивые ста́нци**и** метро.	In Moskau gibt es sehr schöne Metrostationen.
Этих фотогра́фи**й** у меня нет.	Diese Fotos habe ich nicht.
Ты знаешь фами́ли**и** всех учеников в классе?	Kennst du die Familiennamen aller Schüler in der Klasse?
На экску́рси**ях** мы осмотрим памятники нашего города.	Während der Ausflüge werden wir die Denkmäler unserer Stadt besichtigen.

Die femininen Substantive auf **-ия** werden wie folgt dekliniert:

Kasus	Singular	Plural
Nominativ	ста́нци-**я**	ста́нци-**и**
Genitiv	ста́нци-**и**	ста́нци-**й**
Dativ	ста́нци-**и**	ста́нци-**ям**
Akkusativ	ста́нци-**ю**	ста́нци-**и**
Instrumental	ста́нци-**ей**	ста́нци-**ями**
Präpositiv	о ста́нци-**и**	о ста́нци-**ях**

§ 16 Deklination der neutralen Substantive auf -ие

Расстоя́ни**е** между городами 9438 км.	Die Entfernung zwischen den Städten beträgt 9438 km.
Высота зда́ни**я** – 240 метров.	Die Höhe des Gebäudes beträgt 240 Meter.
По расписа́ни**ю** поезд прибудет в 9.50.	Nach dem Fahrplan kommt der Zug um 9.50 an.
Вы видели это зда́ни**е**?	Haben Sie dieses Gebäude gesehen?
Транссиб был большим достиже́ни**ем** 19-ого века.	Die Transsibirische Eisenbahn war eine große Errungenschaft des 20. Jahrhunderts.
Вчера мы были в этом зда́ни**и**.	Gestern waren wir in diesem Gebäude.
Когда будут соревнова́ни**я** по лёгкой атлетике?	Wann werden die Wettkämpfe in Leichtathletik stattfinden?
Сколько зда́ни**й** находится на этой улице?	Wieviele Gebäude befinden sich in dieser Straße?
Они ходили по зда́ни**ям** университета.	Sie gingen durch die Gebäude der Universität.
Какие зда́ни**я** университета вы осмотрели?	Welche Universitätsgebäude habt ihr besichtigt?

Она познакомилась с достиже́ни**ями** этого века.	Sie machte sich mit den Errungenschaften dieses Jahrhunderts bekannt.
Он долго говорил о путеше́стви**ях** по Волге.	Er sprach lange von den Wolgareisen

Die neutralen Substantive auf **-ие** werden wie folgt dekliniert:

Kasus	Singular	Plural
Nominativ	зда́ни-**е**	зда́ни-**я**
Genitiv	зда́ни-**я**	зда́ни-**й**
Dativ	зда́ни-**ю**	зда́ни-**ям**
Akkusativ	зда́ни-**е**	зда́ни-**я**
Instrumental	зда́ни-**ем**	зда́ни-**ями**
Präpositiv	о зда́ни-**и**	о зда́ни-**ях**

Урок 3 A

§ 17 Ordinalzahlwörter ab 30

30	тридца́т**ый, -ая, -ое, -ые**	40	сороков**о́й, -а́я, -о́е, -ы́е**
31	тридцать перв**ый, -ая, -ое, -ые**	50	пятидеся́т**ый, -ая, -ое, -ые**
32	тридцать втор**ой, -ая, -ое, -ые**	60	шестидеся́т**ый, -ая, -ое, -ые**
33	тридцать трет**ий, -тья, -тье, -тьи**	70	семидеся́т**ый, -ая, -ое, -ые**
34	тридцать четвёрт**ый, -ая, -ое, -ые**	80	восьмидеся́т**ый, -ая, -ое, -ые**
35	тридцать пят**ый, -ая, -ое, -ые**	90	девяно́ст**ый, -ая, -ое, -ые**
36	тридцать шест**ой, -ая, -ое, -ые**	100	со́т**ый, -ая, -ое, -ые**
37	тридцать седьм**ой, -ая, -ое, -ые**	1 000	ты́сячн**ый, -ая, -ое -ые**
38	тридцать восьм**ой, -ая, -ое, -ые**	1 000 000	миллио́нн**ый, -ая, -ое, -ые**
39	тридцать девят**ый, -ая, -ое, -ые**		

In zusammengesetzten Ordinalzahlen weist nur das **letzte Glied die Form eines Ordinalzahlwortes** auf.

Die Ordinalzahlwörter werden wie **Adjektive** mit hartem Stammauslaut **dekliniert.**

на тридцать втор**ой** неделе
в сороков**ом** году
в сорок седьм**ой** школе
на сто девяносто пят**ом** автобусе

Третий wird ähnlich wie ein Adjektiv mit weichem Stammauslaut dekliniert, wobei jedoch in allen Formen (außer Nom./unbel. Akk. Sing. mask.) ein Weichheitszeichen steht:

на тре́т**ьем** автобусе
в со́рок тре́т**ьей** школе
остановка тре́т**ьего** автобуса
в тре́т**ью** пятницу

Bei zusammengesetzten Ordinalzahlen wird nur das letzte Glied dekliniert. Es stimmt mit dem zugehörigen Substantiv in **Genus, Numerus** und **Kasus** überein. In **Ziffern** wiedergegebene Ordnungszahlwörter werden im Russischen **ohne Punkt** geschrieben.

§ 18 Jahreszahlen

Какой год?	Welches Jahr?
Ты́сяча восемьсо́т два́дцать пя́**тый год** (1825; 1825-й год).	Das Jahr 1825.
Ты́сяча девятьсо́т семна́дцат**ый год** (1917; 1917-й год).	Das Jahr 1917.

Das Jahr wird durch das Ordinalzahlwort in Verbindung mit **год** wiedergegeben.

В каком году́?	In welchem Jahr?
В ты́сяча восемьсо́т два́дцать пя́т**ом году́** (1825; 1825-ом году́).	Im Jahre 1825.
В ты́сяча девятьсо́т семна́дцат**ом году́** (1917; 1917-ом году́).	Im Jahre 1917.

„Im Jahre …" wird durch die Konstruktion **в** + **Ordinalzahlwort im Präpositiv** + **году́** wiedergegeben.

С как**ого го́да?**	Seit (ab) welchem Jahr?
С ты́сяча девятьсо́т со́рок пя́т**ого го́да** (с 1945-ого го́да).	Seit (dem Jahre) 1945.

„Seit (dem Jahre) …" wird durch die Konstruktion **с** + **Ordinalzahlwort im Genitiv** + **го́да** wiedergegeben.

С как**ого** до как**ого го́да?**	Von welchem bis zu welchem Jahr?
С ты́сяча шестьсо́т девяно́сто восьм**о́го** до ты́сяча семьсо́т два́дцать пя́т**ого го́да** (с 1698-ого до 1725-ого года).	Von 1698 bis 1725.

Eine Jahre umfassende Zeitspanne „von … bis …" wird durch die Konstruktion **с** + **Ordinalzahlwort im Genitiv** + **до** + **Ordinalzahlwort im Genitiv** + **го́да** wiedergegeben.

Bei in Ziffern geschriebenen Jahreszahlen werden häufig an die letzte Ziffer ein Bindestrich und die Endung (zwei oder dreistellig) oder die letzten Buchstaben der Ordnungszahl angefügt: 1994-й, в 1976-ом, 1980-ого (1980-го).

§ 19 Datums- und Jahresangabe

Какое число? Тридца́тое мая ты́сяча девятьсо́т пятьдеся́т шест**о́го** го́д**а** (30. 05. 1956; 30. 05. 56).	Der 30. Mai 1956.
Когда? Какого числа? Тридца́того мая ты́сяча девятьсо́т пятьдеся́т шест**о́го** го́д**а** (30. 05. 56; 30-ого мая 1956-ого г.).	Am 30. Mai 1956.

In Verbindung mit dem Datum steht die Jahresangabe (als Antwort auf die Frage: „Какое число **какого года**?") **im Genitiv.**

In Ziffern wird das Datum auch häufig wie folgt geschrieben:
Tag. Monat. Jahr: 19. 02. 91.
Veraltet, aber immer noch gebräuchlich ist folgende Schreibweise:
Tag/Monat (röm. Ziffern) – Jahr mit г. (für год): 19/II-91г.

§ 20 Wiedergabe von „um zu + Infinitiv“

Он пошёл в библиотеку, **чтобы читать** журналы.	Er ging in die Bibliothek, um Zeitschriften zu lesen.
Чтобы хорошо **написать** контрольную, она выучила все слова.	Um die Klassenarbeit gut zu schreiben, hat sie alle Wörter gelernt.
Они пришли, **чтобы познакомиться** с моими родителями.	Sie sind gekommen, um meine Eltern kennen zu lernen.

Die deutsche Konstruktion „um zu + Infinitiv“ wird durch die Konstruktion **чтобы + Infinitiv** wiedergegeben.

Урок 3 Б

§ 21 Präpositionale Fügungen zum Ausdruck von Zeitbeziehungen

In Verbindung mit Zeitangaben treten folgende Fügungen auf:

в + Akkusativ:

zur Angabe der Uhrzeit ↗ GBH 1, § 38	в двадцать часов тридцать минут
zur Angabe des Wochentages	в понедельник, во вторник, …
zur Kennzeichnung eines Zeitraumes	в свободное время, в эпоху рынка, …

в + Präpositiv

zur Angabe des Jahres	в 1996-ом году, в этом году, …
zur Angabe des Monats ↗ GBH 1, § 49	в январе, в феврале, …
zur Angabe des Jahrhunderts	в двадцатом веке, …

на + Präpositiv

zur Angabe der Woche	на этой неделе

через + Akkusativ

„nach“/„in“ (nach dem Ablauf eines Zeitraumes)	через год, через пять лет, через месяц

во время + Genitiv

„während“	во время войны, во время работы …

после + Genitiv

„nach“ (nach einem Ereignis)	после войны, после революции, после школы

с + Genitiv

„seit“, „von … an“, „ab“	с конца года, с 1940 года, с 2015 года

с … до + Genitiv

„von … bis“	с 1941-ого до 1945-ого года

Урок 3 B

§ 22 Pluraldeklination der Adjektive, Ordinalzahlwörter und Pronomen

На столе лежат интере́сн**ые** книги.	Auf dem Tisch liegen interessante Bücher.
Тебе нравятся мо**и** ле́тн**ие** брюки?	Gefällt dir meine Sommerhose?
Наша школа находится недалеко от э́т**их** но́в**ых** домов.	Unsere Schule befindet sich nicht weit von diesen neuen Häusern.
Куда вы поедете во время зи́мн**их** каникул?	Wohin fahrt ihr in den Winterferien?
Я люблю гулять по ста́р**ым** вече́рн**им** улицам.	Ich spaziere gern durch die alten, abendlichen Straßen.
Вы знаете т**ех** краси́в**ых** девушек?	Kennen Sie jene hübschen Mädchen?
Мы осмотрели са́м**ые** знамени́т**ые** здания города.	Wir besichtigten die berühmtesten Gebäude der Stadt.
Он поехал со вс**е́ми** сво**и́ми** учениками на озеро.	Er ist mit allen seinen Schülern an den See gefahren.
О как**и́х** вели́к**их** людях вы говорите?	Von welchen bedeutenden Menschen sprecht ihr?

Die maskulinen, femininen und neutralen Adjektive werden im **Plural** wie folgt dekliniert:

Kasus	harter Stammauslaut	weicher Stammauslaut
Nominativ	но́в**ые**	после́дн**ие**
Genitiv	но́в**ых**	после́дн**их**
Dativ	но́в**ым**	после́дн**им**
Akkusativ	но́в**ые** / но́в**ых**[1]	после́дн**ие** / после́дн**их**[1]
Instrumental	но́в**ыми**	после́дн**ими**
Präpositiv	о но́в**ых**	**о** после́дн**их**

[1] unbelebt/belebt

Nach г, к, х und Zischlaut wird statt ы **и** geschrieben: велик**ие** люди, больш**ие** окна

Die Pronomen **какой, который** und **каждый** sowie die **Ordnungszahlwörter** (außer третий), werden **wie Adjektive mit hartem Stammauslaut** dekliniert.

Die Pronomen мой, твой, наш, ваш, свой sowie **этот** werden im Plural (мои́, твои́, на́ши, ва́ши, свои́ sowie э́ти) mit Ausnahme des Nominativs/unbelebten Akkusativs wie **Adjektive mit weichem Stammauslaut** dekliniert.

Die Pronomen **все** und **те** werden wie folgt dekliniert:

Kasus	Plural	
Nominativ	**те**	**все**
Genitiv	**тех**	**всех**
Dativ	**тем**	**всем**
Akkusativ	**те** / **тех**[1]	**все** / **всех**[1]
Instrumental	**те́ми**	**все́ми**
Präpositiv	о **тех**	о **всех**

[1] unbelebt/belebt

§ 23 Pluraldeklination der Substantive auf -анин/-янин

Русские крестья́н**е** были до 1861-ого года крепостными.	Die russischen Bauern waren bis 1861 Leibeigene.
У крепостных крестья́н было мало земли.	Die Bauern hatten wenig Land.
Крестья́н**ам** надо было работать на дворя́н.	Die Bauern mussten für die Adligen arbeiten.
Дворя́не мало разговаривали со своими крестья́н**ами**.	Die Adligen sprachen wenig mit ihren Bauern.
На уроке мы говорили о крепостных крестья́н**ах**.	Wir sprachen während des Unterrichts über die leibeigenen Bauern.

Die maskulinen Substantive auf -анин/-янин, z. B. **крестья́нин** und **дворяни́н,** bilden ihre **Pluralformen ohne -ин** und haben im Nom. Pl. die Endung **-е**: **крестья́не, дворя́не.** Sie werden im Plural wie folgt dekliniert:

Kasus	Plural
Nominativ	крестья́н**е**
Genitiv	крестья́н_
Dativ	крестья́н**ам**
Akkusativ	крестья́н_
Instrumental	крестья́н**ами**
Präpositiv	о крестья́н**ах**

§ 24 Aspektgebrauch nach den Verben „начинать“, „продолжать“, „кончать“

Обычно она начинает делать уроки после обеда.	Gewöhnlich beginnt sie mit den Hausaufgaben nach dem Mittagessen.
Сегодня она начала делать их после ужина.	Heute begann sie damit nach dem Abendbrot.

Nach **начина́ть/нача́ть, продолжа́ть/продо́лжить** und **конча́ть/ко́нчить** steht immer der Infinitiv des **unvollendeten** Verbs.

начинать/начать работать
продолжать/продолжить говорить
кончать/кончить писать

Урок 4 A

§ 25 Die и-Deklination

Красная пло́щадь – центр Москвы.	Der Rote Platz ist das Zentrum Moskaus.
Для счастливой жи́зн**и** ему нужна природа.	Für ein glückliches Leben braucht er die Natur.
Западная рок-музыка нравится русской молодёж**и**.	Die westliche Rockmusik gefällt der russischen Jugend.
Мать всю жизнь работала на ферме.	Die Mutter arbeitete das ganze Leben auf dem Bauernhof.
Книга лежит под тетра́д**ью**.	Das Buch liegt unter dem Heft.

Она попросила подругу о по́мощ**и**.	Sie bat die Freundin um Hilfe.
Тетра́д**и** лежат в сумке.	Die Hefte liegen in der Tasche.
Мы были там во время белых ноч**ей**.	Wir waren dort während der weißen Nächte.
Они гуляли по центральным площад**я́м**.	Sie spazierten über die zentralen Plätze.
Откройте окна и две́р**и**!	Öffnet Fenster und Türen!
Из магазина он вернулся с новыми вещ**а́ми**.	Er kehrte aus dem Geschäft mit neuen Sachen zurück.
Почему вы не рассказываете о белых ноч**а́х**?	Warum erzählt ihr nicht von den weißen Nächten?

Zur **и-Deklination** gehören alle femininen Substantive auf **-ь**.
Sie werden wie folgt dekliniert:

Kasus	**Singular**	**Plural**
Nominativ	пло́щадь_	пло́щад**и**
Genitiv	пло́щад**и**	площад**е́й**
Dativ	пло́щад**и**	площад**я́м**
Akkusativ	пло́щадь	пло́щад**и**[1]
Instrumental	пло́щад**ью**	площад**я́ми**
Präpositiv	о пло́щад**и**	о площад**я́х**

[1] Bei unbelebten Substantiven: Akk. = Nom. Bei belebten Substantiven: Akk. = Gen.

Nach Zischlauten wird **-а**, nicht **-я** geschrieben.

ноча́м, нача́ми, о **ноча́х**
веща́м, веща́ми, о **веща́х**

Bei einzelnen Wörtern entfällt im Genitiv, Dativ und Präpositiv Singular das **-о-**:

це́рк**о**вь
це́ркви
це́ркви
це́рк**о**вь
це́рк**о**вью
о це́ркви

§ 26 Deklination der Kardinalzahlwörter 5 bis 20, 30, 50, 60, 70, 80

У него се́мьдесят пять книг.	Er hat fünfundsiebzig Bücher.
Они там жили около двадцат**и́** пят**и́** лет.	Sie lebten dort etwa fünfundzwanzig Jahre.
Она помогла пят**и́** детям.	Sie half den fünf Kindern.
Вы купили во́семьдесят учебников?	Habt ihr achtzig Lehrbücher gekauft?
Там она увидел**а** пятна́дцать женщин и мужчин.	Dort sah sie fünfzehn Frauen und Männer.
Я говорил с трина́дцат**ью** спортсменами.	Ich habe mit dreizehn Sportlern gesprochen.
Учитель вспомнил обо всех восьм**и́**десят**и** восьм**и́** учениках.	Der Lehrer erinnerte sich an alle achtundachtzig Schüler.

Die Grundzahlwörter auf **-ь (пять** bis **двáдцать** und **трúдцать)** werden nach der **и-Deklination** dekliniert.
Auch die Grundzahlwörter **пятьдесят** bis **вóсемьдесят** werden nach der **и-Deklination,** dekliniert, und zwar **beide Bestandteile:** о пят**и**десят**и** учениках. Bei aus zwei oder mehr Wörtern zusammengesetzten Grundzahlen wird **jedes Wort** dekliniert:

о пят**и**десят**и** восьм**и** учениках

Урок 4 B

§ 27 Verneintes Objekt

Мы видели этот журнал.	Wir sahen diese Zeitschrift.
Мы не видели этого журнала.	Wir sahen diese Zeitschrift nicht.
Вы знаете эти слова?	Kennt ihr diese Wörter?
Вы не знаете этих слов?	Kennt ihr diese Wörter nicht?
Ты слышал крик друга?	Hast du den Schrei des Freundes gehört?
Ты не слышал крика друга?	Hast du den Schrei des Freundes nicht gehört?

Das von einem transitiven Verb regierte direkte Objekt steht im Akkusativ.

Wird das Verb **verneint,** so steht das Objekt mitunter auch im **Genitiv.**
Bei den Verben des **Wahrnehmens, Denkens, Fühlens und Wollens,** z. B. видеть, слышать, думать, знать, чувствовать, хотеть, steht aber das verneinte Objekt **in der Regel im Genitiv.** (Lediglich feminine Substantive stehen auch dann gewöhnlich im Akkusativ).

§ 28 Deklination von никто́, ничто́, никако́й
Doppelte Verneinung

Нам **никто́** не звонил.	Uns hat niemand angerufen.
Меня **ничто́** не волнует.	Mich regt nichts auf.
Никака́я из картин мне не нравится.	Keines der Bilder gefällt mir.
В доме **никого́** нет.	Im Haus ist niemand.
У них **ничего́** не было.	Sie hatten nichts.
У меня нет **никаки́х** друзей.	Ich habe keine (keinerlei) Freunde.
Мы **никому́** не рассказывали об этом.	Wir haben niemandem davon erzählt.
Я **ничему́** не удивляюсь.	Ich wundere mich über nichts.
Никако́му другу он не помогал.	Er half keinem Freund.
Вы **никого́** не видели?	Habt ihr niemanden gesehen?
Я **ни** на **что́** не отвечу.	Ich werde auf nichts eine Antwort geben.
Мы **никаки́х** песен не слышали.	Wir haben keine Lieder gehört.
Она **ни** с **ке́м** не говорит.	Sie spricht mit niemandem.
Он **ниче́м** не интересуется.	Er interessiert sich für nichts.
Почему вы не занимаетесь **никаки́ми** иностранными языками?	Warum lernt ihr keine (keinerlei) Fremdsprachen?
Они **ни** о **ко́м** и **ни** о **чём** не думали.	Sie haben an niemanden und an nichts gedacht.
Мы **ни** о **каки́х** проблемах не говорили.	Wir haben über keinerlei Probleme gesprochen.

Die Negativpronomen **никто́, ничто́** und **никако́й** sind aus den Fragepronomen кто, что und какой durch Vorsetzen der Partikel **ни-** gebildet.
Sie werden auch wie die entsprechenden Fragepronomen dekliniert:

Kasus	никто́	ничто́	никако́й			
			maskulin	neutral	feminin	Plural
Nom.	никто́	ничто́	никако́й	никако́е	никака́я	никаки́е
Gen.	никого́	ничего́	никако́го		никако́й	никаки́х
Dat.	никому́	ничему́	никако́му		никако́й	никаки́м
Akk.	никого́	ничто́	никако́й/никако́го[1]	никако́е	никаку́ю	никаки́е/никаки́х[1]
Instr.	нике́м	ниче́м	никаки́м		никако́й	никаки́ми
Präp.	ни о **ко́м**	ни о **чём**	ни о **како́м**		ни о **како́й**	ни **о каки́х**

[1] unbelebt/belebt

Werden die Negativpronomen mit einer **Präposition** gebraucht, so wird diese **zwischen** die Partikel **ни und das Pronomen** gesetzt. Alle drei Bestandteile werden **getrennt** geschrieben.

ни **для** кого́
ни **к** чему́
ни **на** что́
ни **с** ке́м

Verneinende Pronomen werden im Satz grundsätzlich **mit doppelter Verneinung** gebraucht; in einem Satz, der ein Negativpronomen enthält, muss das Prädikat durch **не** verneint werden:	Я **никого́ не** видел. Ich habe niemanden gesehen. Я **ни** с ке́м **не** говорил. Ich habe mit niemandem gesprochen.

§ 29 Umgangssprachliche Uhrzeitangabe

Он встаёт (в) полшесто́го.	Er steht um halb sechs auf.
(В) че́тверть восьмо́го он уходит на работу.	Um viertel acht geht er zur Arbeit.
Без че́тверти во́семь он приходит на работу.	Um dreiviertel acht kommt er zur Arbeit.
Два́дцать мину́т пя́того он кончает работу.	Zwanzig nach vier beendet er die Arbeit.
Без пяти́ шесть он приходит домой.	Fünf vor sechs kommt er nach Hause.

In der Umgangssprache ist folgende Angabe der Uhrzeit üblich:

„halb …“:

пол- + **mask. Ordnungszahlwohrt im Genitiv**
die Hälfte — der laufenden angefangenen Stunde

полшесто́го

„Viertel …“:

четверть + **mask. Ordnungszahlwort im Genitiv**
ein Viertel — der laufenden angefangenen Stunde

че́тверть восьмо́го

„Drei Viertel …“/„Viertel vor …“:

без четверти + **Grundzahlwort im Nominativ**
ohne ein Viertel — die volle Stunde

без че́тверти во́семь

„… Uhr 5, 10, 15, 20, 25 (Minuten)“ bzw. „5, 10, 15, 20, 25 (Minuten) nach …“:

5, 10, 15, 20, 25 минут + **mask. Ordnungszahlwort im Genitiv**
meist runde Minutenzahlen — der laufenden angefangenen Stunde — двáдцать минýт пя́того

„… Uhr 35, 40, 45, 50, 55 (Minuten)“ bzw. 5, 10, 15, 20, 25 (Minuten) vor …“:

без + **Grundzahlwort im Genitiv** + **Grundzahlwort im Nominativ**
ohne … — meist runde Minutenzahlen — die volle Stunde — без пяти́ шесть

„Um“ wird bei dieser Uhrzeitangabe nur in Verbindung mit **„halb“** und **„Viertel“** gekennzeichnet; der Gebrauch von **в** ist jedoch nicht zwingend:	(в) полшестóго (в) чéтверть шестóго
Bei umgangssprachlichen Uhrzeitangaben zählt man die Stunden nicht von 0 bis 24, sondern nur von **0 bis 12:**	13.30 Uhr → полвторóго 22.45 Uhr → без чéтверти оди́ннадцать

Урок 5 — A

§ 30 Komparativ der Adjektive

Это **бóлее интерéсная** книга.	Das ist ein interessanteres Buch.
Это **мéнее интерéсная** книга.	Das ist ein weniger interessantes Buch.
Я занимаюсь **бóлее вáжными** вопросами.	Ich befasse mich mit wichtigeren Fragen.
Я занимаюсь **мéнее вáжными** вопросами.	Ich befasse mich mit weniger wichtigen Fragen.
Он живёт в **бóлее высóком** доме.	Er wohnt in einem höheren Haus.
Он живёт в **мéнее высóком** доме.	Er wohnt in einem weniger hohen Haus.

Der zusammengesetzte Komparativ wird gebildet, indem **бóлее** (mehr) oder **мéнее** (weniger) **vor** das betreffende **Adjektiv** gesetzt wird. **Бóлее** bzw. **мéнее** ist **unveränderlich,** während das zu **steigernde Adjektiv in Genus, Numerus und Kasus mit dem Bezugssubstantiv übereinstimmt.**

Die zusammengesetzte Komparativform kann **attributiv** und **prädikativ** gebraucht werden:

Это бóлее интерéсная книга. Das ist ein interessanteres Buch.	Эта книга бóлее интерéсная. Dieses Buch ist interessanter.

Какая скучная книга! А вот эта интере́сн**ее**.	Was für ein langweiliges Buch! Doch dieses ist interessanter.
Это старые иконы, а вот эти нов**е́е**.	Das sind alte Ikonen, aber diese sind neuer!

Der einfache Komparativ wird gebildet, indem das Suffix **-ee an den Stamm des Adjektives** angefügt wird, wenn dieser **nicht auf г, к, х, д, т, ст** auslautet.
Lautet er auf **г, к, х, д, т, ст** aus, so wird das Suffix **-e** an den Adjektivstamm angefügt, wobei der folgende **Konsonantenwechsel** auftritt:

г und д → ж	доро**г**о́й → доро́**же** моло**д**о́й → моло́**же**
к und т → ч	лё**гкий** → ле́г**че** гро́м**кий** → гро́м**че**
х → ш	ти́**хий** → ти́**ше**
ст → щ	чи́**стый** → чи́**ще** то́л**стый** → то́л**ще** про**сто́й** → про́**ще**

Komparative auf **-e** sind stets stammbetont; Komparative auf **-ee** haben die gleiche Betonung, wie die entsprechenden femininen Kurzformen:

краси́вый – краси́ва – краси́вее
но́вый – нова́ – нове́е

Eine Reihe von Adjektiven bildet die einfachen Komparativformen **unregelmäßig:**

большо́й	→	бо́льше
высо́кий	→	вы́ше
глубо́кий	→	глу́бже
далёкий	→	да́льше
дешёвый	→	деше́вле
коро́ткий	→	коро́че
ма́ленький	→	ме́ньше
ни́зкий	→	ни́же
плохо́й	→	ху́же
ра́нний	→	ра́ньше
ста́рый	→	ста́рше (старе́е)
хоро́ший	→	лу́чше
широ́кий	→	ши́ре

Beim Vergleich des Lebensalters gebraucht man die Komparativformen **моло́же** oder **мла́дше** und **ста́рше.**

Die einfachen Komparativformen sind **unveränderlich** und werden vorwiegend **prädikativ** gebraucht. Dabei können die Wörter **намно́го** (um vieles) oder **немно́го** (ein wenig) den Komparativ verstärken oder abschwächen.

Эта юбка немно́го ме́ньше.
Dieser Rock ist etwas kleiner.
Эти брюки намно́го коро́че.
Diese Hose ist viel kürzer.

§ 31 Wiedergabe von „als" beim Vergleich

Мы живём в бо́лее све́тлой кварти́ре, **чем на́ши друзья́.**	Wir wohnen in einer helleren Wohnung als unsere Freunde.
Фильм интере́снее, **чем рома́н.**	Der Film ist interessanter als der Roman.
Фильм интере́снее **рома́на.**	
Мой брат моло́же, **чем я.**	Mein Bruder ist jünger als ich.
Мой брат моло́же **меня́.**	

„Als" beim Vergleich wird wie folgt wiedergegeben:

- beim zusammengesetzten Komparativ durch
  чем + Vergleichswort im Nominativ
- beim einfachen Komparativ durch
  чем + Vergleichswort im Nominativ oder durch den **Genitiv des Vergleichswortes** (ohne чем).

Vor die Konjugation **чем** wird **immer ein Komma** gesetzt.

Komparativ der Adverbien

Бори́с пи́шет **лу́чше,** чем И́горь.	Boris schreibt besser als Igor.
Ири́на интересу́ется исто́рией **бо́льше,** чем геогра́фией.	Irina interessiert sich mehr für Geschichte als für Erdkunde.
Она́ бе́гает **быстре́е,** чем я.	Sie läuft schneller als ich.
Она́ бе́гает **быстре́е** меня́.	

Die Komparativformen der Adverbien werden ebenso gebildet wie die **einfachen Komparativformen** der entsprechenden **Adjektive** ↗ § 30.

In einigen Fällen treten **doppelte** Komparativformen auf:

далеко́	→	да́лее, да́льше
до́лго	→	до́лее, до́льше
ма́ло	→	ме́нее, ме́ньше
мно́го	→	бо́лее, бо́льше
ра́но	→	ра́нее, ра́ньше

„Als" beim **Vergleich** wird wie folgt ausgedrückt:

- durch **чем + Vergleichswort** (im selben Kasus wie das Bezugswort)

  Она занима́ется матема́тик**ой** бо́льше, **чем исто́рией.**
  Sie befasst sich mit Mathematik mehr als mit Geschichte.
  Он игра́ет на компью́тере ча́ще, **чем я.**
  Er spielt häufiger am Computer als ich.

- durch **den Genitiv des Vergleichswortes** (nur wenn das Bezugswort das Subjekt des Satzes ist).

  Он игра́ет на компью́тере ча́ще **меня́.**
  Er spielt häufiger am Computer als ich.

§ 33 друг друга

Они ничего не делают **друг без дрýга.**	Sie tun nichts ohneeinander.
Они часто ходят **друг к дрýгу.**	Sie gehen häufig zueinander.
Они хорошо понимают **друг дрýга.**	Sie verstehen einander gut.
Они переписываются **друг с дрýгом.**	Sie stehen miteinander im Briefwechsel.
Они часто говорят **друг о дрýге.**	Sie sprechen oft voneinander.

Das Pronomen **друг друга** (ohne Nom.) dekliniert man, indem nur der **zweite Teil** wie ein maskulines Substantiv dekliniert wird. Präpositionen treten **zwischen** die beiden Teile des Pronomens.

Урок 5 **B**

§ 34 Superlativ der Adjektive und Adverbien

Байкал **сáмое** глубóкое озеро в мире.	Der Baikal ist der tiefste See der Erde.
Мы были на **сáмой** высóкой башне города.	Wir waren auf dem höchsten Turm der Stadt.
Это озеро **глýбже всех.**	Dieser See ist am tiefsten.
Эта башня **вы́ше всех.**	Dieser Turm ist am höchsten.
Это **важнée всегó.**	Das ist am wichtigsten.
Это **лýчше всегó.**	Das ist am besten.

Es wird eine **vorwiegend attributiv** gebrauchte Superlativform von einer **ausschließlich prädikativ** gebrauchten Superlativform unterschieden.

– Die vorwiegend **attributiv gebrauchte** Superlativform wird gebildet, indem **самый vor das Adjektiv** gesetzt wird. **Самый** und **das Adjektiv stimmen mit dem Beziehungswort in Genus, Kasus und Numerus überein.** ↗ GBH 1, § 69

– Die ausschließlich **prädikativ gebrauchte Superlativform** wird wie folgt gebildet:

einfacher Komparativ + всех / всегó

Всех steht beim Vergleich mit artgleichen (zählbaren) Lebewesen oder Dingen:	Нина краси́вее всех. (краси́вее, чем все другие)
Всего steht, wenn keine artgleichen (zählbaren) Lebewesen oder Dinge miteinander verglichen werden:	Это лýчше всегó. (лучше, чем всё)

Она поёт **лýчше всех** в классе.	Sie singt am besten in (von) der Klasse.
Быстрée всех бегает у нас Пётр.	Am schnellsten von uns läuft Peter.
Бóльше всегó он любит свою работу.	Am meisten liebt er seine Arbeit.

Die **Superlativform des Adverbs** wird **wie** die **prädikativ gebrauchte Superlativform des Adjektivs** gebildet.

§ 35 как можно + Komparativ

Говорите как можно пра́вильнее!	Sprecht so richtig, wie es nur geht!
Я хочу написать это письмо как можно быстре́е.	Ich möchte diesen Brief so schnell, wie es nur geht, schreiben.

Die Konstruktion **как мо́жно + Komparativ** entspricht im Deutschen der Verbindung
so + Adjektiv es (irgend) geht,
möglichst + Adjektiv

§ 36 Vergleiche ohne Komparative

Света **такая же** весёлая, **как (и)** её сестра.	Sweta ist genauso lustig wie ihre Schwester.
Мы познакомились с такими же интересными людьми, как (и) вы.	Wir haben genauso interessante Menschen kennen gelernt wie ihr.
Этот роман **не такой** интересный, **как** тот.	Dieser Roman ist nicht so interessant wie jener.

Bei gleicher Qualität zweier zu vergleichender Komponenten werden im Russischen die Verbindungen **такой же, как (и); такая же, как (и); такое же, как (и); такие же, как (и)** gebraucht. (Der Gebrauch von **и** ist dabei **nicht zwingend.**) **Je nach Rektion des zugehörigen Verbs** werden die Demonstrativpronomen **такой, такая, такое, такие** dekliniert, sie stimmen mit dem **Bezugssubstantiv** im **Genus, Numerus,** und **Kasus** überein.

Bei unterschiedlichen Qualitäten zu vergleichender Komponenten wird vor **такой не** gesetzt, die Partikeln **же** und **и fallen dabei weg.**

Bei **solchen** Vergleichen setzt man vor **как** ein **Komma.**

Урок 6 A

§ 37 Indefinitpronomen кто́-нибудь, что́-нибудь, како́й-нибудь

Мне **кто́-нибудь** звонил?	Hat mich irgend jemand angerufen?
Тебя **что́-нибудь** здесь интересует?	Interessiert dich hier irgend etwas?
Вам нравится **како́е-нибудь** платье?	Gefällt euch irgendein Kleid?
Ты **кого́-нибудь** ждёшь?	Wartest du auf irgend jemanden?
У вас нет **чего́-нибудь** другого?	Haben Sie irgend etwas anderes?
Ты получил ответ от **како́го-нибудь** друга?	Hast du von irgendeinem Freund eine Antwort bekommen?
Кому́-нибудь это, может быть, и понравится.	Das wird vielleicht irgend jemandem auch gefallen.
Позвони **како́й-нибудь** подруге и спроси, когда у вас тренировка!	Ruf irgendeine Freundin an und frag, wann ihr Training habt!
Вы знаете **кого́-нибудь** из них?	Kennt ihr irgend jemanden von ihnen?
Расскажи о нём **что́-нибудь.**	Erzähle irgendetwas über ihn!
Покажите мне **каку́ю-нибудь** из его работ.	Zeigen sie mir irgendeine seiner Arbeiten!

Ты с **кéм-нибудь** об этом говорил?	Hast du mit irgend jemandem darüber gesprochen?
Занимайтесь **чéм-нибудь** другим!	Befasst euch mit irgend etwas anderem!
Она интересуется **какúми-нибудь** редкими растениями?	Interessiert sie sich für irgendwelche seltenen Pflanzen?
Расскажи о **кóм-нибудь** из своих друзей.	Erzähle über irgendeinen deiner Freunde!
Расскажи мне о **чём-нибудь.**	Erzähle mir irgend etwas!
Мы хотели провести отпуск в **какóм-нибудь** тихом месте.	Wir wollten den Urlaub an irgendeinem stillen Ort verbringen.

Die Indefinitpronomen **ктó-нибудь, чтó-нибудь, какóй-нибудь** werden durch Anfügen der Partikel **-нибудь** an die Fragepronomen **кто, что, какой** gebildet. Dem nachgestellten **-нибудь** entspricht im Deutschen das vorangestellte **irgend:** ктó-нибудь irgend jemand; что-нибудь irgend etwas; какой-нибудь irgendein.

Die Deklination der Indefinitpronomen mit -нибудь gleicht der der Fragepronomen, wobei die Partikel **-нибудь nicht verändert** wird:

Nom.	ктó-нибудь	чтó-нибудь
Gen.	когó-нибудь	чегó-нибудь
Dat.	комý-нибудь	чемý-нибудь
Akk.	когó-нибудь	чтó-нибудь
Instr.	кéм-нибудь	чéм нибудь
Präp.	о кóм-нибудь	о чём-нибудь

Kasus	**maskulin**	**neutral**	**feminin**	**Plural**
Nom.	какóй-нибудь	какóе-нибудь	какáя-нибудь	какúе-нибудь
Gen.	какóго-нибудь		какóй-нибудь	какúх-нибудь
Dat.	какóму-нибудь		какóй-нибудь	какúм-нибудь
Akk.	какóй-нибудь/какóго-нибудь[1]	какóе-нибудь	какýю-нибудь	какúе-нибудь/какúх-нибудь[1]
Instr.	какúм-нибудь		какóй-нибудь	какúми-нибудь
Präp.	о какóм-нибудь		о какóй-нибудь	о какúх-нибудь

[1] unbelebt / belebt

§ 38 Indefinitpronomen ктó-то, чтó-то, какóй-то

Ктó-то к ней пришёл.	Es ist jemand zu ihr gekommen.
Ему **чтó-то** не нравится.	Ihm gefällt etwas nicht.
Я думаю, что у неё есть **какáя-то** проблема.	Ich denke, dass sie ein Problem hat.
Мы здесь **когó-то** ждём.	Wir warten hier auf jemanden.
Он **чегó-то** ждёт.	Er wartet auf etwas (Bestimmtes).
Она долго ждала **какóго-то** письма.	Sie wartete lange auf einen (bestimmten) Brief.
Комý-то он об этом рассказал.	Jemandem hat er davon erzählt.
Он **чемý-то** удивляется.	Über etwas wundert er sich.
Какóму-то из его вопросов она удивилась.	Über eine seiner Fragen hat sie sich gewundert.
Мы **когó-то** слышим.	Wir hören jemanden.

Я **что́-то** о ней узнал.	Ich habe etwas über sie erfahren.
Он спросил **каку́ю-то** женщину.	Er hat eine Frau gefragt.
Она с **ке́м-то** разговаривает.	Sie unterhält sich mit jemandem.
Он **че́м-то** занимался.	Er war mit etwas (Bestimmtem) beschäftigt.
Они встретились с **како́й-то** женщиной.	Sie haben eine (bestimmte) Frau getroffen.
Она говорит о **ко́м-то** из нашего класса.	Sie spricht über jemanden aus unserer Klasse.
Они в комнате и о **чём-то** разговаривают.	Sie sind im Zimmer und unterhalten sich über etwas (Bestimmtes).
Они говорят о **каки́х-то** проблемах.	Sie sprechen über irgendwelche (bestimmten) Probleme.

Die Indefinitpronomen **кто́-то, что́-то, како́й-то** werden durch Anfügen der Partikel **-то** an die Fragepronomen **кто, что, какой** gebildet. Im Deutschen entsprechen ihnen die Indefinitpronomen jemand, etwas, irgendein (bestimmter).

Die Deklination der Indefinitpronomen mit -то gleicht der der Fragepronomen, wobei die Partikel **-то nicht verändert** wird:

Kasus		
Nom.	кто́-то	что́-то
Gen.	кого́-то	чего́-то
Dat.	кому́-то	чему́-то
Akk.	кого́-то	что́-то
Instr.	ке́м-то	че́м-то
Präp.	о ко́м-то	о чём-то

Kasus	**maskulin**	**neutral**	**feminin**	**Plural**
Nom.	како́й-то	како́е-то	кака́я-то	каки́е-то
Gen.	како́го-то		како́й-то	каки́х-то
Dat.	како́му-то		како́й-то	каки́м-то
Akk.	како́й-то/како́го-то[1]	како́е-то	каку́ю-то	каки́е-то/ каки́х-то[1]
Instr.	каки́м-то		како́й-то	каки́ми-то
Präp.	о како́м–то		о како́й-то	о каки́х-то

[1] unbelebt / belebt

§ 39 Gebrauch der Indefinitpronomen mit -нибудь und -то

Im Gebrauch der Indefinitpronomen mit den Partikeln **-нибудь** und **-то** gibt es folgende Unterschiede:

-нибудь	**-то**
1. Es handelt sich um Personen, Gegenstände oder Sachverhalte, die zwar denkbar, aber dennoch **unbestimmt (nicht real gegeben)** sind: Кто́-нибудь может позвонить.	1. Es handelt sich um **real existierende** und **bestimmte,** dem Sprecher aber zum Zeitpunkt der Aussage nicht bekannte Personen, Gegenstände, Sachverhalte: Кто́-то звонит.
2. Es handelt sich um **unbestimmte,** vom Sprecher aus mehreren Möglichkeiten **nicht ausgewählte** oder **ihm gleichgültige** Personen, Gegenstände, Sachverhalte: Расскажи мне об этом что́-нибудь!	2. Es handelt sich um **bestimmte real existierende,** dem Sprecher von früher bekannte Personen, Gegenstände, Sachverhalte, die ihm aber **zum Zeitpunkt der Aussage nicht gegenwärtig** sind: Он что́-то мне об этом рассказал.

In Aussagen über ein **zukünftiges** Geschehen, in **Fragen,** in Bedingungssätzen mit **если** sowie in Verbindung mit Wörtern, die **Unsicherheit** ausdrücken (может быть), treten gewöhnlich die Pronomen mit **-нибудь** auf.
In **Imperativsätzen** werden grundsätzlich die Pronomen mit **-нибудь** gebraucht.

§ 40 Deklination der Substantive auf -мя

Вре́мя идёт быстро.	Die Zeit vergeht schnell.
У меня нет вре́ме**ни**.	Ich habe keine Zeit.
Её звали только по и́ме**ни**.	Man redete sie nur mit dem Vornamen an.
В свободное вре́мя мы занимаемся спортом.	In der Freizeit treiben wir Sport.
Он пишет не под своим и́ме**нем**, а под псевдонимом.	Er schreibt nicht unter seinem Namen, sondern unter einem Pseudonym.
О каком вре́ме**ни** вы говорите?	Über welche Zeit sprecht ihr?
Эти **имена́** мне нравятся.	Diese Namen gefallen mir.
Он знает много редких им**ён**.	Er kennt viele seltene Vornamen.
Я знаю всех детей по им**ена́м**.	Ich kenne alle Kinder beim Vornamen.
Ты знаешь их им**ена́**?	Kennst du ihre Namen?
Мы интересуемся литературными им**ена́ми** писателей.	Wir interessieren uns für die literarischen Namen der Schriftsteller.
Об этих им**ена́х** мы ещё не говорили.	Über diese Namen haben wir noch nicht gesprochen.

Die sächlichen Substantive, die im Nominativ Singular auf **-мя** auslauten (insgesamt sind es zehn), weisen in allen Kasus (außer Nominativ und Akkusativ Sg.) eine Stammerweiterung **-ен-** (betont **-ён-**) auf. Sie werden wie folgt dekliniert:

Kasus	**Singular**	**Plural**
Nominativ	и́мя	им**ена́**
Genitiv	и́м**ени**	им**ён_**
Dativ	и́м**ени**	им**ена́м**
Akkusativ	и́мя	им**ена́**
Instrumental	и́м**енем**	им**ена́ми**
Präpositiv	об и́м**ени**	об им**ена́х**

Урок 6 B

§ 41 Indirekte Fragesätze ohne Fragewort

Меня спросили, **был ли** я вчера в кино.	Man fragte mich, **ob** ich gestern im Kino **war.**
Меня спросили, **в кино ли** я был вчера.	Man fragte mich, **ob** ich gestern im **Kino** war.
Меня спросили, **вчера ли** я был в кино.	Man fragte mich, **ob** ich **gestern** im Kino war.
Он не знает, **придёт ли** она.	Er weiß nicht, **ob** sie **kommt.**
Она спрашивает себя, **красива ли** она.	Sie fragt sich, **ob** sie **hübsch ist.**

Eine indirekte Entscheidungsfrage – im Deutschen mit „ob" beginnend – wird im Russischen durch einen indirekten Fragesatz mit der Fragepartikel **ли** wiedergegeben. Dieser Satz beginnt immer mit dem **Satzglied,** das den **Schwerpunkt** der Entscheidungsfrage bildet. Danach – also stets an **zweiter** Stelle – steht die Partikel **ли.**

Урок 7 A

§ 42 Bildung des Konjunktivs

Кто **бы** это **подумал!**	Wer hätte das gedacht!
Я бы пошла в кино, но у меня нет времени.	Ich würde ins Kino gehen, aber ich habe keine Zeit.
Я этого не **сделал бы.**	Ich würde das nicht tun. Ich hätte das nicht getan.

Der **Konjunktiv** wird gebildet, indem man der **Präteritumform** des Verbs die Partikel **бы** hinzufügt.

Die Konjunktivform kann je nach Kontext die **Bedeutung** des **Präteritums,** des **Präsens** oder des **Futurs** haben:

Была бы **вчера** хорошая погода!
Wäre doch **gestern** schönes Wetter gewesen!
Была бы **сегодня** хорошая погода!
Wäre doch **heute** schönes Wetter!
Была бы **завтра** хорошая погода!
Würde doch **morgen** schönes Wetter sein!

Die Partikel **бы** hat keine feste Stellung im Satz. Sie steht meist **hinter dem Wort,** das **hervorgehoben** werden soll:

Я этого не **сказал** бы!	Ich hätte das nicht **gesagt!**
Я бы этого не сказал!	**Ich** hätte das nicht gesagt!
Этого бы я не сказал!	**Das** hätte ich nicht gesagt!

Auf die Konjunktionen **хотя** und **если** sowie auf **Fragepronomen** und **-adverbien** folgt **бы** meist **unmittelbar:**

Вы можете это так сделать, **хотя бы** я не советовала.
Sie können das so machen, obwohl ich nicht dazu raten würde.
Когда бы вы смогли прийти?
Wann könnten Sie kommen?

§ 43 Irreale Konditionalsätze

Если бы у меня **было** время, я **пришёл бы** к тебе.	Wenn ich Zeit hätte, würde ich zu dir kommen.
Если бы наш телевизор **работал,** мы сейчас **смотрели бы** фильм.	Wenn unser Fernsehgerät funktionieren würde, sähen wir uns jetzt den Film an.
Если бы мы это знали, мы этого не **сделали бы.**	Wenn wir das wüssten, würden wir das nicht tun.

In Konditionalsätzen, die eine **unerfüllbare** oder **unerfüllte Bedingung** zum Ausdruck bringen, steht der **Konjunktiv.** Wie im Deutschen steht der Konjunktiv **auch im Hauptsatz.**

Урок 7 **B**

§ 44 Deklination der Kardinalia 2, 3 und 4

Аппарат состоит из **двух** (**трёх, четырёх**) частей.	Der Apparat besteht aus zwei (drei, vier) Teilen.
Мы очень удивились **двум** (**трём, четырём**) задачам.	Wir wunderten uns sehr über die zwei (drei, vier) Aufgaben.
Я увидела **двух** (**трёх, четырёх**) космонавтов.	Ich habe die zwei (drei, vier) Kosmonauten gesehen.
Он говорит с **двумя́** (**тремя́, четырьмя́**) инженерами.	Er spricht mit zwei (drei, vier) Ingenieuren.
Она рассказывала о **двух** (**трёх, четырёх**) путешествиях.	Sie erzählte von zwei (drei, vier) Reisen.

Die Kardinalzahlwörter **два/две, три, четыре** werden wie folgt dekliniert:

Kasus	2	3	4
Nominativ	два две	три	четы́ре
Genitiv	дв**ух**	тр**ёх**	четыр**ёх**
Dativ	дв**ум**	тр**ём**	четыр**ём**
Akkusativ	два две/дв**ух**[1]	три/тр**ёх**[1]	четы́ре/четыр**ёх**[1]
Instrumental	дв**умя́**	тр**емя́**	четыр**ьмя́**
Präpositiv	о дв**ух**	о тр**ёх**	о четыр**ёх**

[1] unbelebt / belebt

§ 45 Deklination der Kardinalia 40, 90, 100

Учёный сделал более сорок**á** (девянóст**а**, ст**а**) открытий.	Der Wissenschaftler machte über vierzig (neunzig, hundert) Entdeckungen.
Журналистка ходила к сорок**á** (девянóст**а**, ст**а**) студентам и брала у них интервью.	Die Journalistin ging zu vierzig (neunzig, hundert) Studenten und interviewte sie.
Я прочитал сóрок (девянóсто, сто) книг.	Ich habe vierzig (neunzig, hundert) Bücher gelesen.
Журналист говорил с сорок**á** (девянóст**а**, ст**а**) студентами.	Der Journalist sprach mit vierzig (neunzig, hundert) Studenten.
Женщина-учёный написала книгу о своих сорок**á** (девянóст**а**, ст**а**) открытиях.	Die Wissenschaftlerin schrieb ein Buch über ihre vierzig (neunzig, hundert) Entdeckungen.

Die Kardinalzahlwörter **сóрок, девянóсто, сто** werden wie folgt dekliniert:

Kasus	40	90	100
Nominativ	сóрок	девянóсто	сто
Genitiv	сорок**á**	девянóст**а**	ст**а**
Dativ	сорок**á**	девянóст**а**	ст**а**
Akkusativ	сóрок	девянóст**о**	ст**о**
Instrumental	сорок**á**	девянóст**а**	ст**а**
Präpositiv	о сорок**á**	о девянóст**а**	о ст**а**

‹§ 46 Bruchzahlen›

одна деся́тая	0,1 oder $\frac{1}{10}$
две (три, четыре) деся́тых	0,2 (0,3; 0,4) oder $\frac{2}{10}\left(\frac{3}{10}; \frac{4}{10}\right)$
шесть (семь, восемь, девять) деся́тых	0,6 (0,7; 0,8; 0,9) oder $\frac{6}{10}\left(\frac{7}{10}; \frac{8}{10}; \frac{9}{10}\right)$

Bruchzahlen werden wie folgt gelesen:

Grundzahlwort für den Zähler
Ordnungszahlwort für den Nenner

In Verbindung mit **1** steht das Ordnungszahlwort im **Nominativ Singular** (fem.), z. B. **деся́тая.** In Verbindung mit **anderen Zahlen** steht es im **Genitiv Plural,** z. B. **деся́тых.**

Die Form der Dezimalbrüche wird leichter verständlich, wenn man sich das feminine Substantiv **часть** (Teil) bzw. **часть едини́цы** (Teil des Einers) hinzudenkt:

одна деся́тая (часть едини́цы)
ein zehnter Teil des Einers
две деся́тых (ча́сти едини́цы)
zwei zehnte Teile des Einers
пять деся́тых (часте́й едини́цы)
fünf zehnte Teile des Einers

0,3 мин.	ноль це́лых и три деся́тых минуты
1,1 м	одна (це́лая) и одна деся́тая метра
2,2 км	две (це́лых) и две деся́тых километра
10,9 кг	десять (це́лых) и де́вять деся́тых килограмма

Bei **gemischten Zahlen** wird der **Bruch** an die **ganze Zahl** (целая единица) angefügt. Dabei kann auch „целая/целых" fortgelassen werden: десять и девять десятых. **Целая** steht nur in Verbindung mit **1 im Nominativ Singular,** in Verbindung mit **anderen Zahlen** steht es im **Genitiv Plural,** auch nach **0.**
In Verbindung mit einer gemischten Zahl steht das **Bezugssubstantiv** immer im **Genitiv Singular.**

§ 47 Satzgefüge mit чтобы

Я пришёл, **чтобы** ты **рассказала** мне об этом.	Ich bin gekommen, damit du mir darüber erzählst.
Учитель говорит громко, **чтобы** все ученики его **слышали.**	Der Lehrer spricht laut, damit ihn alle Schüler hören (können).
Он написал нам письмо, **чтобы** мы всё **узнали** о его судьбе.	Er schrieb uns einen Brief, damit wir alles über sein Schicksal erfahren.

In Nebensätzen, die ein Ziel oder einen Zweck zum Ausdruck bringen (Finalsätze), steht der **Konjunktiv.** Dabei verschmilzt die einleitende Konjunktion **что** (daß) mit **бы** zu **чтобы.** Das Verb steht im Nebensatz **wegen des Konjunktivs stets** im **Präteritum.** ↗ § 42

Nach **чтобы** steht das **Verb**

– im **Infinitiv,** wenn der Hauptsatz und die Finalkonstruktion ein **gemeinsames Subjekt** haben (dt.: um ... zu + Infinitiv) ↗ § 20:

Я пришёл, **чтобы рассказать** вам об этом.
Ich bin gekommen, **um** euch darüber **zu erzählen.**

– im **Präteritum,** wenn Haupt- und Nebensatz **verschiedene Subjekte** haben (dt.: damit ...):

Я пришёл, **чтобы вы** мне **рассказали** об этом.
Ich bin gekommen, **damit ihr** mir darüber erzählt.

Мы **желаем, чтобы** он скоро вернулся.	**Wir wünschen, dass** er schnell zurückkehrt (zurückkehren möge).
Учитель **сказал, чтобы** ученик закрыл окно.	Der Lehrer **sagte, dass** der Schüler das Fenster **schließt** (schließen sollte).
Я **хочу, чтобы** вы меня поняли.	Ich **will, dass** ihr mich versteht.
Он **просил, чтобы** я ему помог.	Er **bat** darum, **dass** ich ihm helfe.
Нужно, чтобы ты подождал меня.	Es ist **nötig, dass** du auf mich wartest.

Nach den Verben des **Wünschens, Bittens, Wollens, Forderns** oder entsprechenden **prädikativen Adverbien** (надо, нужно) steht im Nebensatz der **Konjunktiv** mit **чтобы.**
Nach Verben des **Sagens** steht der **Konjunktiv mit чтобы** im Nebensatz dann, wenn das Verb eine **Aufforderung, Bitte** oder **Forderung** zum Ausdruck bringt.

Урок 8 A

§ 48 Reflexivpronomen себя́

Поищи книгу у **себя́.**	Suche das Buch bei **dir!**
Он купил **себе́** картину.	Er hat **sich** ein Bild gekauft.
Ты должна верить в **себя́.**	Du musst an **dich** glauben.
Мы поставили перед **собо́й** большую цель.	Wir haben **uns** ein großes Ziel gestellt.
Расскажите о **себе́.**	Erzählt von **euch!**

Себя ist ein universales Reflexivpronomen für alle 3 Personen des Singulars und des Plurals. Es bezieht sich stets auf das Subjekt des Satzes.

Die Kasusformen des Pronomens **себя** ähneln denen von **ты** (тебя, тебе, ...). Da себя stets etwas über das Subjekt aussagt, kann es selbst **nicht** im „Subjektfall“, dem **Nominativ,** auftreten.

Nominativ	–
Genitiv	себя́
Dativ	себе́
Akkusativ	себя́
Instrumental	собо́й
Präpositiv	о себе́

§ 49 до́лжен

Она **должна́** идти на урок.	Sie muss zum Unterricht gehen.
Он **до́лжен** прочитать книгу.	Er muss das Buch (durch)lesen.
Кафе **должно́** быть здесь на этой улице.	Das Café muss hier in dieser Straße sein.
Мы **должны́** это обязательно сделать.	Wir müssen das unbedingt tun.
Завтра ты **должна́ бу́дешь** пойти к врачу.	Morgen musst du zum Arzt gehen.
Они **должны́ бы́ли** много работать над собой.	Sie mussten viel an sich arbeiten.
Он **не до́лжен** этого видеть.	Er soll (darf) das nicht sehen.
Она **не должна́** этого делать.	Sie soll (darf) das nicht tun.

Die Modalverben **„müssen“** und **„sollen“** (verneint „nicht müssen“, „nicht sollen“, „nicht dürfen“, „nicht brauchen“) werden im Russischen durch folgende Konstruktion ausgedrückt:

Person/ Gegenstand	+	**до́лжен** **должна́** **должно́** **должны́**	+	**Infinitiv des Verbs**	(+ Ergänzung)
Она		**должна́**		**идти**	на урок.

До́лжен, должна́, должно́, должны́ stimmen in **Genus** und **Numerus** mit dem **Subjekt** (Substantiv oder Pronomen) überein.

Das **Präteritum** wird durch folgende Konstruktion wiedergegeben:

Person/ Gegenstand	+	**до́лжен был** **должна́ была́** **должно́ бы́ло** **должны́ бы́ли**	+	**Infinitiv des Verbs**	(+ Ergänzung)
Она		**должна́ была́**		**идти**	на урок.

Das Prädikat stimmt in **Genus** und **Numerus** mit dem **Subjekt** überein.

Das **Futur** wird durch folgende Konstruktion ausgedrückt:

Person/ Gegenstand	+	**до́лжен (-жна́) бу́ду** **до́лжен (-жна́) бу́дешь** **до́лжен (-жна́) бу́дет** **должны́ бу́дете** **должны́ бу́дут**	+	**Infinitiv des Verbs**	(+ Ergänzung)
Она		**должна будет**		**идти**	на урок.

Das Prädikat stimmt in **Person, Genus** und **Numerus** mit dem **Subjekt** überein.

Урок 8 B

§ 50 Relativsätze mit кто und что

Те, кто пришёл до начала концерта, получили программу.	Die(jenigen), die vor Beginn des Konzerts gekommen sind, haben ein Programm erhalten.
Приглашаем **всех, кому** нравится рок-музыка.	Wir laden alle die(jenigen) ein, denen Rockmusik gefällt.
Я понимаю **всё, что** ты говоришь.	Ich verstehe alles, was du sagst.
То, о чём он пишет, меня не интересует.	Das, was er schreibt, interessiert mich nicht.

Кто und **что** werden auch als Relativpronomen verwendet. **Кто** bezieht sich vor allem auf **тот (та, те), все** und **все те; что** vor allem auf **то, всё** und **всё то.**

Nach **кто** steht das **Prädikat,** auch wenn es sich auf einen Plural bezieht, im **Singular.**

В восторге будут **все, кто** интересу**ется** детективами.
Begeistert werden **alle** (diejenigen) sein, **die** sich für Krimis interessieren.

Der **Kasus** von **кто** und **что** richtet sich nach der **Rektion des Verbes** bzw. **der Präposition** im Relativsatz:

В восторге будут все те, **кому нравятся** детективы.
Begeistert werden alle diejenigen sein, **denen** Krimis **gefallen.**

Урок 9 A

§ 51 Wiedergabe von Aussage- und Aufforderungssätzen in der indirekten Rede

Direkte Rede	Indirekte Rede
Директор сказал: "Институт готовит разных специалистов". Der Direktor sagte: „Die Hochschule bildet verschiedene Fachleute aus."	Директор сказал, **что** институт готовит разных специалистов. Der Direktor sagte, die Hochschule bilde verschiedene Fachleute aus. Der Direktor sagte, dass die Hochschule verschiedene Fachleute ausbildet.
В газете написали: „Студенты получают два диплома". In der Zeitung schrieb man: „Die Studenten erhalten zwei Diplome."	В газете написали, **что** студенты получают два диплома. In der Zeitung schrieb man, die Studenten erhielten zwei Diplome. In der Zeitung schrieb man, dass die Studenten zwei Diplome erhalten.
Директор сказал (потребовал, посоветовал): „Изучайте иностранные языки". Der Direktor sagte (forderte, empfahl): „Lernt Fremdsprachen!"	Директор сказал (потребовал, посоветовал), **чтобы** они изучали иностранные языки. Der Direktor sagte (forderte, empfahl), die Studenten sollten zwei Fremdsprachen lernen. Der Direktor sagte (forderte, empfahl), dass sie Fremdsprachen lernen sollen.
Мать написала сыну: „Приезжай ко мне". Die Mutter schrieb dem Sohn: „Komm zu mir!"	Мать написала сыну, **чтобы** он приехал к ней. Die Mutter schrieb dem Sohn, er solle zu ihr kommen. Die Mutter schrieb dem Sohn, dass er zu ihr kommen soll.

Ist die **direkte Rede** ein **Aussagesatz,** so erfolgt die Wiedergabe in der **indirekten Rede** durch einen Objektsatz mit der Konjunktion **что.** Im Unterschied zum Deutschen wird dabei für den Indikativ (in der direkten Rede) nicht der Konjunktiv gebraucht.

Ist die **direkte Rede** ein **Aufforderungssatz,** der eine **Aufforderung,** eine **Bitte,** ein **Befehl,** ein **Ratschlag** ausdrückt, so erfolgt die Wiedergabe in der **indirekten Rede** durch einen Objektsatz mit der Konjunktion **чтобы** und dem **Konjunktiv.** ↗ § 47

§ 52 Deklination der russischen Familiennamen auf -ов, -ев und -ин, -ын

Моя фамилия – Ивано́в.	Mein Familienname ist Iwanow.
Моя фамилия – Ивано́в**а**.	Mein Familienname ist Iwanowa.
Мы Соро́кин**ы**.	Wir sind die Sorokins.
Бориса Ивано́в**а** сейчас нет.	Boris Iwanow ist zur Zeit nicht da.
Нины Ивано́в**ой** сейчас нет.	Nina Iwanowa ist zur Zeit nicht da.
Соро́кин**ых** сейчас нет.	Die Sorokins sind zur Zeit nicht da.
Обратитесь к Александру Капу́стин**у**.	Wenden Sie sich an Alexander Kapustin!
Обратитесь к Нине Капу́стин**ой**.	Wenden Sie sich an Nina Kapustina!
Обратитесь к Соро́кин**ым**.	Wenden Sie sich an die Sorokins!
Вы знаете Виктора Перо́в**а**?	Kennen Sie Viktor Perow?
Вы знаете Тамару Перо́в**у**?	Kennen Sie Tamara Perowa?
Вы знаете Перо́в**ых**?	Kennen Sie die Perows?
Он говорит с Борисом Ивано́в**ым**.	Er spricht mit Boris Iwanow.
Он говорит с Ниной Ивано́в**ой**.	Er spricht mit Nina Iwanowa.
Он говорит с Ивано́в**ыми**.	Er spricht mit den Iwanows.
Расскажи мне о Петре Петро́в**е**.	Erzähle mir von Peter Petrow!
Расскажи мне об Ирине Петро́в**ой**.	Erzähle mir von Irina Petrowa!
Расскажи мне о Петро́в**ых**.	Erzähle mir von den Petrows!

Die russischen Familiennamen auf **-ов, -ев** und auf **-ин, -ын** werden zum Teil wie Substantive, zum Teil wie Adjektive dekliniert:

Kasus	**maskulin**	**feminin**	**Plural**
Nom.	Петро́в_, Капу́стин_	Петро́в**а**, Капу́стин**а**	Петро́в**ы**, Капу́стин**ы**
Gen.	Петро́в**а**, Капу́стин**а**	Петро́в**ой**, Капу́стин**ой**	Петро́в**ых**, Капу́стин**ых**
Dat.	Петро́в**у**, Капу́стин**у**	Петро́в**ой**, Капу́стин**ой**	Петро́в**ым**, Капу́стин**ым**
Akk.	Петро́в**а**, Капу́стин**а**	Петро́в**у**, Капу́стин**у**	Петро́в**ых**, Капу́стин**ых**
Instr.	Петро́в**ым**, Капу́стин**ым**	Петро́в**ой**, Капу́стин**ой**	Петро́в**ыми**, Капу́стин**ыми**
Präp.	о Петро́в**е**, Капу́стин**е**	о Петро́в**ой**, Капу́стин**ой**	о Петро́в**ых**, Капу́стин**ых**
Nom.	Рублёв_, Пти́цын_	Рублёв**а**, Пти́цын**а**	Рублёв**ы**, Пти́цын**ы**
Gen.	Рублёв**а**, Пти́цын**а**	Рублёв**ой**, Пти́цын**ой**	Рублёв**ых**, Пти́цын**ых**
Dat.	Рублёв**у**, Пти́цын**у**	Рублёв**ой**, Пти́цын**ой**	Рублёв**ым**, Пти́цын**ым**
Akk.	Рублёв**а**, Пти́цын**а**	Рублёв**у**, Пти́цын**у**	Рублёв**ых**, Пти́цын**ых**
Instr.	Рублёв**ым**, Пти́цын**ым**	Рублёв**ой**, Пти́цын**ой**	Рублёв**ыми**, Пти́цын**ыми**
Präp.	о Рублёв**е**, Пти́цын**е**	о Рублёв**ой**, Пти́цын**ой**	о Рублёв**ых**, Пти́цын**ых**

Урок 9 Б

§ 53 Zahladverbien der Aufzählung

В моём решении, кем стать, играют роль три фактора: **во-первых,** я обязательно хочу работать творчески, **во-вторых,** где будет находиться место работы, и, **в-третьих,** зарплата, конечно, тоже имеет большое значение.	Bei meiner Entscheidung, was ich werden will, spielen drei Faktoren eine Rolle: Erstens will ich unbedingt schöpferisch arbeiten, zweitens, wo sich der Arbeitsplatz befinden wird, und drittens hat natürlich der Lohn auch eine große Bedeutung.

Die Reihenfolge innerhalb **einer Aufzählung** wird bezeichnet durch folgende Zahladverbien:

во-пéрвых	erstens	в-шесты́х	sechstens
во-вторы́х	zweitens	в-седьмы́х	siebentens
в-трéтьих	drittens	в-восьмы́х	achtens
в-четвёртых	viertens	в-девя́тых	neuntens
в-пя́тых	fünftens	в-деся́тых	zehntens

Im Satz werden die Zahladverbien **immer in Kommata** gesetzt.

Урок 9 В

§ 54 Partizip Präteritum Passiv

а)	организóва**нн**ый вечер	der organisierte Abend
	организóва**нн**ая работа	die organisierte Arbeit
	организóва**нн**ое путешествие	die organisierte Reise
	организóва**нн**ые встречи	die organisierten Treffen
б)	Вечер организóва**н**.	Der Abend ist organisiert.
	Работа организóва**на**.	Die Arbeit ist organisiert.
	Путешествие организóва**но**.	Die Reise ist organisiert.
	Встречи организóва**ны**.	Die Treffen sind organisiert.
в)	**откры́тый** ящик	der geöffnete Kasten – Schublade
	откры́тая комната	das geöffnete Zimmer
	откры́тое окно	das geöffnete Fenster
	откры́тые двери	die geöffneten Türen
г)	Ящик **откры́т**.	Der Kasten ist geöffnet.
	Комната **откры́та**.	Das Zimmer ist geöffnet.
	Окно **откры́то**.	Das Fenster ist geöffnet.
	Двери **откры́ты**.	Die Türen sind geöffnet.

Das Partizip Präteritum Passiv wird in der Regel von **vollendeten transitiven Verben** gebildet. Es hat jedoch **adjektivische Endungen** und wird auch **wie ein Adjektiv gebraucht.** Dementsprechend verfügt es über eine Langform – а), в) – und über eine Kurzform – б), г).
Man erkennt das Partizip Präteritum Passiv an den Suffixen **-нн-** (Langform) / **-н-** (Kurzform) und **-т-** (Lang- und Kurzform).

Die **Kurzform** des Partizips wird nur **prädikativ** gebraucht. Präteritum und Futur werden – wie bei Adjektiven – mit dem Verb **быть** gebildet. Das Partizip und быть stimmen mit dem **Subjekt** in **Numerus, Person** (Fut.) und **Genus** (Prät.) überein.

Окно (было, будет) открыто.
Окна (были, будут) открыты.

Die **Langform** des Partizips wird wie ein **Adjektiv dekliniert.** Sie stimmt mit dem zugehörigen **Substantiv** in **Kasus, Numerus** und **Genus** überein:

Она рассказала об организо́ванной работе.
Она ничего не знала об организо́ванной работе.

Das Partizip kann durch ein Objekt oder eine Adverbialbestimmung **erweitert** sein.
Eine solche **Partizipialkonstruktion** kann auch dem Bezugswort – wie ein Relativsatz mit который – nachgestellt werden. In diesem Fall wird sie durch Komma getrennt.

Die nachgestellte Partizipialkonstruktion wird im Deutschen durch einen Relativsatz wiedergegeben.

В газете написали о результатах проде́ланного **в понедельник** теста.
In der Zeitung schrieb man über die Resultate des am Montag durchgeführten Tests.
В газете написали о результатах **теста, проде́ланного в понедельник.**
In der Zeitung schrieb man über die Resultate des Tests, der am Montag durchgeführt worden war.

Partizipialkonstruktionen kommen vor allem in der Schriftsprache vor. In der **gesprochenen Sprache** verwendet man statt dessen **Relativsätze mit который:**

В газете пишут об опросе, проведённом в школах. – В газете пишут об опросе, который провели в школах.

Der **Urheber der Handlung,** die vom Partizip Präteritum Passiv bezeichnet wird, steht im **Instrumental:**

зарабо́танные **ими** деньги
организо́ванная **учителями** работа
дверь, откры́тая **мамой**

§ 55 Rektion des Verbes работать

Михаил **работает** инженером на заводе.	Michail arbeitet als Ingenieur in einem Werk.
Марина **работает** учительницей.	Marina arbeitet als Lehrerin.

Wie auch **стать** zieht **работать** bei Berufsbezeichnungen den **Instrumental** des betreffenden Substantivs nach sich.

Урок 10 A

§ 56 Partizip Präsens Aktiv

а) Все смотрели на чита́**ющ**его мальчика.	Alle schauten auf den lesenden Jungen.
Вдруг я увидел крич**а́щ**ую девочку.	Plötzlich sah ich das schreiende Mädchen.
П**и́шущ**ие ученики ничего не замечали.	Die schreibenden Schüler bemerkten nichts.
б) Там строят дома для русских немцев, жив**у́щ**их на Волге.	Dort baut man Häuser für die Russlanddeutschen, die an der Wolga leben.
Они живут в деревне, наход**я́щ**ейся недалеко от Москвы.	Sie wohnen in einem Dorf, das sich nicht weit von Moskau befindet.

Das Partizip Präsens Aktiv wird von **unvollendeten Verben** gebildet. Es hat adjektivische Endungen und wird wie ein Adjektiv gebraucht. Allerdings gibt es keine Kurzformen, die Langformen werden ausschließlich attributiv gebraucht.

Das Partizip Präsens Aktiv erkennt man an den **Suffixen -ющ-/-ущ-** (bei Verben der e-Konjugation) sowie **-ящ-/-ащ-** (bei Verben der и-Konjugation) und einer **adjektivischen** Endung.

Partizipien der **reflexiven Verben** enden stets – auch nach Vokal – auf **-ся** (z. B. занимающиеся).

Das Partizip Präsens Aktiv drückt eine **Nebenhandlung aus, die gleichzeitig** mit der **Haupthandlung** verläuft, unabhängig davon, ob letztere in der Vergangenheit, in der Gegenwart oder in der Zukunft stattfindet.

Wird das Partizip **wie ein Adjektiv** verwendet (а), wird es im Deutschen durch ein **Partizip I** (singend, spielend usw.) wiedergegeben.
Ist das Partizip dem Bezugssubstantiv **nachgestellt** (б) und durch eine Adverbialbestimmung **erweitert,** so entsteht eine **Partizipialkonstruktion.** Sie wird durch einen **Relativsatz** übersetzt.

Partizipialkonstruktionen sind ein stilistisches Merkmal der **Schriftsprache.** In der **gesprochenen Sprache** verwendet man stattdessen **Relativsätze mit который:**

Это дома для немцев, живущих на Волге. – Это дома для немцев, которые живут на Волге.

Einige Partizipien Präsens Aktiv sind zu **Adjektiven** oder **Substantiven** geworden und werden auch in der gesprochenen Sprache häufig gebraucht:

сле́дующий – folgend
бу́дущий – zukünftig
настоя́щий – gegenwärtig
бу́дущее – Zukunft
настоя́щее – Gegenwart
уча́щийся – Schüler, Student
слу́жащий – Angestellter

§ 57 Deklination von мать und дочь

Die Substantive **мать** und **дочь** werden nach der и-Deklination dekliniert ↗ § 25. Sie weisen aber in den meisten Deklinationsformen eine Stammerweiterung durch **-ер-** auf:

Kasus	**Singular**	**Plural**	**Singular**	**Plural**
Nominativ	мать	ма́т**ери**	дочь	до́ч**ери**
Genitiv	ма́т**ери**	мат**ере́й**	до́ч**ери**	доч**ере́й**
Dativ	ма́т**ери**	мат**еря́м**	до́ч**ери**	доч**еря́м**
Akkusativ	мать	мат**ере́й**	дочь	доч**ере́й**
Instrumental	ма́т**ерью**	мат**еря́ми**	до́ч**ерью**	доч**ерьми́**
Präpositiv	о ма́т**ери**	о мат**еря́х**	о до́ч**ери**	о доч**еря́х**

Der **Instrumental Plural von дочь** endet – genau wie der von **дети** und **люди** – auf **-ьми́:**

Он говорит	Er spricht
– с дочерьми́	– mit den Töchtern
– с детьми́	– mit den Kindern
– с людьми́	– mit den Leuten

Урок 10 B

§ 58 Sammelzahlwörter

а) У них **дво́е/тро́е/че́тверо** детей.	Sie haben zwei/drei/vier Kinder.
б) У меня дво́е часов/тро́е брюк. …	Ich habe zwei Uhren/drei Hosen. …
в) Нас (было) **тро́е/ше́стеро/се́меро/ во́сьмеро/де́вятеро/де́сятеро.**	Wir sind (waren) unser drei/sechs/sieben/ acht/neun/zehn.
г) Все **пя́теро** спали. Это комната на **двои́х/пятеры́х.**	Alle fünf schliefen. Das ist ein Zimmer für zwei/fünf Personen.

Sammelzahlwörter gibt es nur für die Zahlen von 2–10. Sie heben im Unterschied zu den Kardinalzahlwörtern die **Zusammengehörigkeit** der genannten Menge hervor.

Sammelzahlwörter werden **gebraucht**
- vor Bezeichnungen **männlicher** Personen: тро́е мужчин (drei Männer)
- vor дети, люди, ребята (а)
- vor substantivierten Adjektiven/Partizipien: дво́е русских (zwei Russen)
- vor Familiennamen: че́тверо Ивановых (vier Iwanows)
- vor Mehrzahlwörtern und Bezeichnungen paarweise vorkommender Gegenstände (б)
- in Verbindung mit den Personalpronomen нас, вас, их (в)
- zur Bezeichnung von Personen, wenn das entsprechende Substantiv fehlt (г).

Die Sammelzahlwörter regieren den **Genitiv Plural:** тро́е дет**ей**, дво́е коньк**ов** (zwei Paar Schlittschuhe).

+ часы – [illegible] / двое часов

In der **Deklination** lehnen sich die Sammelzahlwörter auf **-oe** an die **Adjektive mit weichem Stammauslaut** an; die Sammelzahlwörter auf **-epo** werden ähnlich wie **Adjektive mit hartem Stammauslaut** dekliniert:

Kasus	**-oe**	**-epo**
Nominativ	дво́**е**	пя́тер**о**
Genitiv	дво**и́х**	пятер**ы́х**
Dativ	дво**и́м**	пятер**ы́м**
Akkusativ	дво́**е** / дво**и́х**[1]	пя́тер**о** / пятер**ы́х**[1]
Instrumental	дво**и́ми**	пятер**ы́ми**
Präpositiv	о дво**и́х**	о пятер**ы́х**

[1] unbelebt/belebt

§ 59 Deklination von братья, друзья und сёстры

У меня много друзе́й.	Ich habe viele Freunde.
У неё нет бра́тьев и сестёр.	Sie hat keine Brüder und keine Schwestern.
Завтра мы поедем к друзья́м.	Morgen fahren wir zu den Freunden.
Позвони бра́тьям и сёстрам!	Ruf die Brüder und die Schwestern an!
Ты говорил с друзья́ми, бра́тьями и сёстрами?	Hast du mit Freunden, Brüdern und Schwestern gesprochen?
Что ты знаешь о твоих друзья́х, бра́тьях и сёстрах?	Was weißt du über deine Freunde, Brüder und Schwestern?

Die männlichen Substantive mit hartem Stammauslaut im Singular **брат** und **друг** haben in den Pluralformen eine Stammerweiterung. Ihr **Nominativ Plural** endet auf **-ья.** Sie werden wie folgt dekliniert:

Nominativ	бра́т**ья**	друз**ья́**
Genitv	бра́т**ьев**	друз**е́й**
Dativ	бра́т**ьям**	друз**ья́м**
Akkusativ	бра́т**ьев**	друз**е́й**
Instrumental	бра́т**ьями**	друз**ья́ми**
Präpositiv	о бра́т**ьях**	о друз**ья́х**

Die Pluralform des femininen Substantivs **сестра** lautet **сёстры.** Bei der Pluraldeklination erfolgt im Genitiv und Akkusativ der Einschub von flüchtigem -ё-:

Nominativ	сёстр**ы**
Genitiv	сестёр_
Dativ	сёстр**ам**
Akkusativ	сестёр_
Instrumental	сёстр**ами**
Präpositiv	о сёстр**ах**

Форточка 3

§ 60 -ся zur Kennzeichnung intransitiver und reflexiver Verben

а) Учитель начинает урок. Der Lehrer beginnt die Stunde.	Урок начинает**ся**. Die Stunde beginnt.
б) Мама моет сына. Mama wäscht den Sohn.	Мама моет**ся**. Mama wäscht sich.

Durch Anfügen der Partikel **-ся an transitive Verben** werden diese
– **intransitiv** (а), können also kein Akkusativobjekt mehr nach sich ziehen;
– oft **reflexiv** (б).

Форточка 6

§ 61 Pluraldeklination von сын, стул, крыло́

У него было пять сынове́й.	Er hatte fünf Söhne.
Сколько сту́льев в комнате?	Wie viel Stühle sind im Zimmer?
Почему птицы без кры́льев не могут летать?	Warum können Vögel ohne Flügel nicht fliegen?
Отец сказал своим сыновья́м, что скоро придёт.	Der Vater sagte seinen Söhnen, er komme bald.
Он узнаёт птиц по их кры́льям.	Er erkennt die Vögel an ihren Flügeln.
Ученики идут к сту́льям и садятся на них.	Die Schüler gehen zu den Stühlen und setzen sich darauf.
Ты видел кры́лья этих птиц?	Hast du die Flügel dieser Vögel gesehen?
Садитесь на эти сту́лья!	Setzt euch auf diese Stühle!
Это очень интересует моих сынове́й.	Das interessiert meine Söhne sehr.
Мать часто играла со своими сыновья́ми.	Die Mutter spielte oft mit ihren Söhnen.
Биологи интересуются кры́льями этих птиц.	Die Biologen interessieren sich für die Flügel dieser Vögel.
В кабинет физики нам надо пойти со своими сту́льями.	In den Physikfachraum müssen wir mit unseren Stühlen gehen.
Учитель говорил с родителями об их сыновья́х.	Der Lehrer sprach mit den Eltern über deren Söhne.
На кры́льях самолёта были звёзды.	Auf den Tragflächen des Flugzeugs waren Sterne.
Все уже сидели на своих сту́льях.	Alle saßen schon auf ihren Stühlen.

Die männlichen Substantive **сын** und **стул** sowie das sächliche Substantiv **крыло** (mit hartem Stammauslaut im Nominativ Singular) weisen im Plural eine Stammerweiterung **-ья** auf:

Nominativ	сынов**ья́**	сту́л**ья**	кры́л**ья**
Genitiv	сынов**е́й**	сту́л**ьев**	кры́л**ьев**
Dativ	сынов**ья́м**	сту́л**ьям**	кры́л**ьям**
Akkusativ	сынов**е́й**	сту́л**ья**	кры́л**ья**
Instrumental	сынов**ья́ми**	сту́л**ьями**	кры́л**ьями**
Präpositiv	о сынов**ья́х**	о сту́л**ьях**	о кры́л**ьях**

Брат und **друг** werden in gleicher Weise dekliniert (↗ Tabelle § 59).

Anhang: Partizipien und Adverbialpartizipien

§ 62 Charakter der Partizipien

Студент, **чита́ющий** книгу, мой брат.	Der Student, der das Buch liest, ist mein Bruder.
Журнал, **чита́емый** студентом, очень интересный.	Die Zeitschrift, die von dem Studenten gelesen wird, ist sehr interessant.
Студент, **чита́вший/прочита́вший** книгу, стал учителем.	Der Student, der das Buch las/gelesen hat/gelesen hatte, wurde Lehrer.
Журнал, **прочи́танный** студентом, исчез.	Die Zeitschrift, die von dem Studenten gelesen worden ist/worden war, ist verschwunden.
Журнал **прочи́тан.**	Die Zeitschrift ist durchgelesen worden.

Partizipien sind **Verbalformen,** die auch Merkmale von **Adjektiven** besitzen:

Das **Partizip** besitzt

wie **Verben**	wie **Adjektive**
Aktiv und Passiv Präsens und Präteritum unvollendete und vollendete Formen eine Rektion	Genus-, Numerus- und Kasusformen Lang- und Kurzformen

Im Russischen gibt es **vier Partizipien:** **Partizip Präsens Aktiv**
Partizip Präsens Passiv
Partizip Präteritum Aktiv
Partizip Präteritum Passiv

	Aktiv	**Passiv**
Präsens	чита́ющий	чита́емый
Präteritum	чита́вший/прочита́вший	прочи́танный/прочитан

§ 63 Partizip Präsens Aktiv

1. Bildung des Partizips Präsens Aktiv

чита́**ющ**ий ученик	der lesende Schüler
рабо́та**ющ**ие люди	die arbeitenden Menschen
пи́**шущ**ая девочка	das schreibende Mädchen
живу́щие в России немцы	die in Russland lebenden Deutschen
интересу́**ющ**иеся детективами читатели	die an Krimis interessierten Leser
нося́щие школьную форму ученики	die eine Schulkleidung tragenden Schüler
стро́ящие свои дома крестьяне	die ihre Häuser bauenden Bauern
крича́щий мальчик	der schreiende Junge
лежа́щая на столе книга	das auf dem Tisch liegende Buch
находя́щаяся недалеко от Москвы деревня	das sich unweit von Moskau befindende Dorf

Das Partizip Präsens Aktiv wird nur von **unvollendeten Verben** gebildet. Es wird vom **Präsensstamm** ↗ **GBH 1 § 7** abgeleitet.
Bei Verben der **e**-Konjugation werden an den Präsensstamm das Suffix **-ющ-** (nach Vokal) bzw. **-ущ-** (nach Konsonant) und die Adjektivendung angefügt.
Bei Verben der **и**-Konjugation werden an den Präsensstamm das Suffix **-ящ-** bzw. **-ащ-** (nach Zischlaut) und die Adjektivendung angefügt:
Die **Betonung** des Partizips Präsens Aktiv stimmt bei den Verben der e-Konjugation meistens mit der Betonung der 3. Person Plural Präsens überein; bei den Verben der и-Konjugation stimmt sie meistens mit der Betonung des Infinitivs überein.

Konjugation	**Infinitiv**	**Präsensstamm**	**Suffix**	**Adjektivendung**	**Partizip Präsens Aktiv**
e-Konj.	чита́ть lesen	чита-	-ющ-	-ий, -ая, -ее, -ие	чита́ющий, -ая, -ее, -ие
	нести́ tragen	нес-	-ущ-	-ий, -ая, -ее, -ие	несу́щий, -ая, -ее, -ие
и-Konj.	носи́ть tragen	нос-	-ящ-	-ий, -ая, -ее, -ие	нося́щий, -ая, -ее, -ие
	лежа́ть liegen	леж-	-ащ-	-ий, -ая, -ее, -ие	лежа́щий, -ая -ее -ие

Das von **Verben auf -ся** gebildete Partizip Präsens Aktiv lautet stets (auch nach Vokal) auf **-ся** aus:

занимать**ся** — sich beschäftigen	занима́ющий**ся**
	занима́ющая**ся**
	занима́ющее**ся**
	занима́ющие**ся**

2. Gebrauch und Übersetzung des Partizips Präsens Aktiv

Мы смотрели на крича́щ**его** мальчика.	Wir schauten auf den schreienden Jungen.
Вдруг он увидел чита́ющ**ую** девочку.	Plötzlich erblickte er das lesende Mädchen.

Das Partizip Präsens Aktiv wird wie ein **Adjektiv** mit einem Zischlaut als Stammauslaut dekliniert.
Es wird im Satz als **Attribut** verwendet und richtet sich in **Genus, Numerus** und **Kasus** nach dem **Substantiv,** dessen Attribut es ist.

Мы смотрели на крича́щего на улице мальчика.	Wir schauten auf den draußen schreienden Jungen.
Вдруг он увидел чита́ющую газету девушку.	Plötzlich erblickte er das Zeitung lesende Mädchen.
	Plötzlich erblickte er das Mädchen, das eine Zeitung las.

Das Partizip kann auch durch eine **Adverbialbestimmung** oder ein **Objekt erweitert** sein.

Мы смотрели на мальчика, крича́щего на улице.	Wir schauten auf den Jungen, der draußen schrie.

Das erweiterte partizipiale Attribut wird auch als **Partizipialkonstruktion** bezeichnet. Es kann dem Substantiv nachgestellt sein. In diesem Fall wird es durch Komma(s) abgetrennt und meist durch einen Relativsatz übersetzt.

Все смотрели на крича́щего мальчика. (мальчик кричал)	Alle schauten auf den schreienden Jungen.
Все смотрят на крича́щего мальчика. (мальчик кричит)	Alle schauen auf den schreienden Jungen.
Все будут смотреть на крича́щего мальчика. (мальчик будет кричать)	Alle werden auf den schreienden Jungen schauen.

Das Partizip Präsens Aktiv drückt meist eine **Nebenhandlung** aus, die **gleichzeitig** mit der **Haupthandlung** verläuft. Das ist unabhängig davon, ob die Haupthandlung in der Vergangenheit, in der Gegenwart oder in der Zukunft stattfindet.

Все смотрели на мальчика, который кричал на улице.	Alle schauten auf den Jungen, der draußen schrie.

Der Gebrauch des Partizips Präsens Aktiv gehört der **Schriftsprache an.** In der **gesprochenen Sprache** verwendet man stattdessen meist **Relativsätze mit который.**

§ 64 Partizip Präsens Passiv

1. Bildung des Partizips Präsens Passiv

чита́**ем**ый журнал	die Zeitschrift, die gelesen wird
изуча́**ем**ые языки	die Sprachen, die gelernt werden
дикту́**ем**ое письмо	der Brief, der diktiert wird
нос**и́м**ая учениками школьная форма	die Schulkleidung, die von Schülern getragen wird
стр**о́им**ый родителями дом	das Haus, das von den Eltern gebaut wird
провод**и́м**ые в лагере дни	die Tage, die im Lager verbracht werden

Das Partizip Präsens Passiv wird nur von **unvollendeten transitiven Verben** gebildet.
Es wird vom **Präsensstamm ↗ GBH 1 § 7** abgeleitet.
Bei Verben der **e**-Konjugation werden an den Präsensstamm das Suffix **-ем** und die Adjektivendung angefügt.
Bei Verben der **и**-Konjugation werden an den Präsensstamm das Suffix **-им** und die Adjektivendung angefügt.
Die **Betonung** des Partizips Präsens Passiv stimmt bei den Verben der e-Konjugation mit der Betonung der 3. Person Plural Präsens überein, bei den Verben der и-Konjugation mit der Betonung des Infinitivs.

Konjugation	**Infinitiv**	**Präsensstamm**	**Suffix**	**Adjektivendung**	**Partizip Präsens Passiv**
e-Konj.	читать	чита-	-ем-	-ый,-ая, -ое, -ые	чита́емый, -ая, -ое, -ые
	изучать	изуча-	-ем-	-ый,-ая, -ое, -ые	изуча́емый, -ая, -ое, -ые
	диктовать	дикту-	-ем-	-ый,-ая, -ое, -ые	дикту́емый, -ая, -ое, -ые
и-Konj.	носить	нос-	-им-	-ый,-ая, -ое, -ые	носи́мый, -ая -ое, -ые
	строить	стро-	-им-	-ый,-ая, -ое, -ые	стро́имый, -ая, -ое, -ые
	проводить	провод-	-им-	-ый,-ая, -ое, -ые	проводи́мый -ая, -ое, -ые

Die **Verben auf -авать** behalten bei der Bildung des Partizips Präsens Passiv das im Präsens ausfallende Suffix **-ва-**.

прода**ва**ть	verkaufen	прода**ва́**емый
узна**ва**ть	erkennen	узна**ва́**емый

2. Gebrauch und Übersetzung des Partizips Präsens Passiv

Она рассказывает об организу́ем**ых** в Москве встреч**ах**.	Sie erzählt über die Treffen, die in Moskau organisiert werden.

Das Partizip Präsens Passiv wird wie ein **Adjektiv** mit **hartem Stammauslaut dekliniert.** Es wird im Satz in der Regel als **Attribut** verwendet. Es richtet sich in **Genus, Numerus** und **Kasus** nach dem **Substantiv,** dessen Attribut es ist. Es wird meist durch einen Relativsatz übersetzt.

Она рассказывает о встречах, организу́емых в Москве.	Sie erzählt über die Treffen, die in Moskau organisiert werden.

Das Partizip Präteritum Passiv kann auch durch ein **Objekt** oder eine **Adverbialbestimmung erweitert** sein. Das erweiterte partizipiale Attribut **(Partizipialkonstruktion)** kann dem Substantiv auch nachgestellt sein. In diesem Fall wird es durch Komma(s) abgetrennt.

Встреча, организу́емая автор**ом** книги, очень интересна.	Das Treffen, das vom Buchautor organisiert wird, ist sehr interessant.

Wird der **Urheber** der Handlung genannt, steht das betreffende Wort im **Instrumental.**

§ 65 Partizip Präteritum Aktiv

1. Bildung des Partizips Präteritum Aktiv

чита́**вш**ие/прочита́**вш**ие ученики	die Schüler, die lasen/gelesen haben/hatten
	die jungen Leute, die sich mit dem Autor getroffen haben/hatten
помога́**вш**ий/помо́г**ш**ий другу ученик	der Schüler, der dem Freund half/geholfen hat/hatte

Das Partizip Präteritum Aktiv wird vom **Infinitivstamm** ↗ **GBH 1 § 7 unvollendeter** und **vollendeter Verben** gebildet.

Man geht zweckmäßig von der **maskulinen Singularform des Präteritums** aus.
- Lautet sie auf **-л** aus, so wird dieses durch das Suffix **-вш-** und die **Adjektivendung** ersetzt.
- Lautet sie auf einen **anderen Konsonanten** aus, so werden an diesen das Suffix **-ш-** und die **Adjektivendung** angefügt.

Die **Betonung** des Partizips Präteritum Aktiv stimmt meistens mit der Betonung des Infinitivs überein.

Infinitiv	mask. Prät.form	Suffix	Adjektivendungen	Partizip Prät. Aktiv
чита́ть/прочита́ть	читал/прочитал	-вш-	-ий, -ая, -ее, -ие	чита́вший, -ая, -ее, -ие
помога́ть	помогал	-вш-	-ий, -ая, -ее, -ие	помога́вший, -ая, -ее, -ие
помо́чь	помог	-ш-	-ий, -ая, -ее, -ие	помо́гший, -ая, -ее, -ие

Bei **Verben** auf **-ся** hat das Partizip Präteritum Aktiv **immer** (auch nach Vokal) das Suffix **-ся**.

учиться	учи́вший**ся**
учился	учи́вшая**ся**
	учи́вшее**ся**
	учи́вшие**ся**

Das Partizip Präteritum Aktiv von **идти** und **провести** weist besondere Formen auf:

идти	**ше́дший,**	-ая,	-ее,	-ие
провести	**прове́дший**	-ая,	-ее,	-ие

2. Gebrauch und Übersetzung des Partizips Präteritum Aktiv

Я не говорил с читавш**ими** ученик**ами**.	Ich habe nicht mit den Schülern, die lasen, gesprochen.

Das Partizip Präteritum Aktiv wird ein **Adjektiv** mit einem **Zischlaut** als **Stammauslaut dekliniert.**
Das Partizip Präteritum Aktiv wird wie im Satz als **Attribut** gebraucht und stimmt mit dem **Bezugssubstantiv** in **Genus, Numerus** und **Kasus** überein. Es wird im Deutschen meist durch einen Relativsatz wiedergegeben.

Он рассказал о пианисте, сыгравшем **песню** очень хорошо.	Er erzählte von dem Pianisten, der das Lied sehr gut gespielt hatte.

Das Partizip kann durch ein **Objekt** oder eine **Adverbialbestimmung erweitert** sein. Das erweiterte partizipiale Attribut **(Partizipialkonstruktion)** kann dem Substantiv auch nachgestellt werden. Die Partizipialkonstruktion wird durch Komma(s) abgetrennt.

§ 66 Partizip Präteritum Passiv

1. Bildung des Partizips Präteritum Passiv

организо́ва**нн**ая встреча/Встреча организо́ва**на**.	das organisierte(s) Treffen/Das Treffen ist organisiert worden.
прочи́та**нн**ый журнал/Журнал прочи́та**н**.	die gelesene Zeitschrift/Die Zeitschrift ist gelesen worden.
пригото́вл**енн**ый ужин/Ужин пригото́вл**ен**.	das zubereitete(s) Abendessen/Das Abendessen ist zubereitet worden.

посещ**ённ**ый музей/Музей посещ**ён**.	das besuchte(s) Museum/Das Museum ist besucht worden.
принес**ённ**ые вещи/Вещи принесены́.	die herbeigebrachten Sachen/Die Sachen sind herbeigebracht worden.
откры́**т**ый ящик/Ящик откры́**т**.	der geöffnete Kasten/Der Kasten ist geöffnet worden.
уби́**т**ое животное/Животное уби́**т**о.	das getötete Tier/Das Tier ist getötet worden.
спе́**т**ая песня/Песня спе́**т**а.	das gesungene Lied/Das Lied ist gesungen worden.
на́ча**т**ая работа/Работа на́ча**т**а.	die begonnene Arbeit/Die Arbeit ist begonnen worden.

Das Partizip Präteritum Passiv wird von **vollendeten transitiven Verben** gebildet. Es werden **drei Bildungen** unterschieden:

– **Bildung mit dem Suffix -нн-**
vom **Infinitivstamm der Verben** auf **-овать** und den meisten **Verben** auf **-ать, -ять** und **-еть**. Die **Betonung** des Partizips Präteritum Passiv auf -нн- stimmt mit der Betonung des Infinitivs überein, wenn dieser nicht endbetont ist. Bei den endbetonten Infinitiven rückt die Betonung um eine Silbe vor.

Infinitiv	**Infinitivstamm**	**Part. Prät. Pass. Langform**	**Part. Prät. Pass. Kurzform**
организова́ть	организова-	организо́ва**нн**ый, -ая, -ое, -ые	организо́ва**н**, -а, -о, -ы
прочита́ть	прочита-	прочи́та**нн**ый, -ая, -ое, -ые	прочи́та**н**, -а, -о, -ы
осмотре́ть	осмотре-	осмо́тре**нн**ый, -ая, -ое, -ые	осмо́тре**н**, -а, -о, -ы

– **Bildung mit dem Suffix -енн-** bzw. (betont) **-ённ-**
von der **1. Person Singular des vollendeten Futurs mehrsilbiger Verben** auf **-ить** sowie der Verben auf **-зти, -сти, -зть, -сть, -чь:**

Infinitiv	**1. Pers. Sing.**	**Part. Prät. Pass. Langform**	**Part. Prät. Pass. Kurzform**
пригото́вить	пригото́влю	пригото́вл**енн**ый, -ая, -ое, -ые	пригото́влен, -а, -о, -ы
посети́ть	посещу́	посещ**ённ**ый, -ая, -ое, -ые	посещён, -а́, -о́, -ы́
принести́	принесу́	принес**ённ**ый, -ая, -ое, -ые	принесён, -а́, -о́, -ы́

– **Bildung mit dem Suffix -т-**
vom **Infinitivstamm der Verben** auf **-ыть, -уть, -оть, -ереть** und der einsilbigen (Grund) -Verben auf **-еть, -ить** sowie bei sogenannten **Nasalstämmen** (z. B. начать – нач**н**у).
Die Betonung des Partizips Präteritum Passiv auf -т stimmt mit der maskulinen Singularform des Präteritums überein.

Infinitiv	**Infinitivstamm**	**Part. Prät. Pass. Langform**	**Part. Prät. Pass. Kurzform**
откры́ть уби́ть спе́ть нача́ть	откры- уби- спе- нача-	откры́**тый**, -ая, -ое, -ые уби́**тый**, -ая, -ое, -ые спе́**тый**, -ая, -ое, -ые нача́**тый**, -ая, -ое, -ые	откры́**т**, -а, -о, -ы уби́**т**, -а, -о, -ы спе́**т**, -а, -о, -ы на́ча**т**, -а, -о, -ы

2. Gebrauch und Übersetzung des Partizips Präteritum Passiv

Осно́ванный в 1703 году город стал столицей России.	Die im Jahre 1703 gegründete Stadt wurde zur Hauptstadt Russlands.
Город был **осно́ван** в 1703 году.	Die Stadt wurde im Jahre 1703 gegründet.

Das Partizip Präteritum Passiv ist das gebräuchlichste russische Partizip. Es verfügt über eine Lang- und eine Kurzform. Während die **Langform** meist nur in der **Schriftsprache** auftritt, wird die **Kurzform** auch in der **Umgangssprache** verwendet.

Ку́пленн**ые** нами в Москве подарк**и** всем понравились.	Die von uns in Moskau gekauften Geschenke gefielen allen.
Подарк**и**, ку́пленн**ые** нами в Москве, всем понравились.	Die Geschenke, die wir in Moskau gekauft hatten, gefielen allen.

Die **Langform** des Partizips Präteritum Passiv wird wie ein **Adjektiv** mit **hartem Stammauslaut dekliniert.** Sie wird im Satz als Attribut gebraucht und stimmt in **Genus, Numerus** und **Kasus** mit dem **Substantiv** überein, dessen Attribut sie ist.

Ку́пленные **нами** в Москве подарки всем понравились.	Die von uns in Moskau gekauften Geschenke gefielen allen.

Das Wort, das den **Urheber** der Handlung bezeichnet, steht im **Instrumental.**

Das Partizip kann, z. B. durch eine Adverbialbestimmung, erweitert sein.
Das erweiterte partizipiale Attribut **(Partizipialkonstruktion)** kann auch dem Substantiv nachgestellt werden. In diesem Fall wird es durch Komma(s) abgetrennt und meist durch einen Relativsatz ins Deutsche übersetzt.

Этот журнал прочи́тан нами.	Diese Zeitschrift ist von uns gelesen worden.
Этот журнал был прочитан нами.	Diese Zeitschrift war von uns gelesen worden.
Этот журнал будет прочитан нами.	Diese Zeitschrift wird von uns gelesen worden sein.

Die **Kurzform** des Partizips Präteritum Passiv wird wie die Kurzform des **Adjektivs** ↗ **GBH 1 § 67** als **Prädikat** verwendet. Sie wird mit den Tempusformen von **быть,** die im Präsens fortfallen, verbunden und dient zum Ausdruck des Passivs.

§ 67 Charakter der Adverbialpartizipien

Гуля́я по городу, мы разговаривали.	Durch die Stadt spazierend, unterhielten wir uns. Wir gingen in der Stadt spazieren und unterhielten uns.
Прочита́в моё письмо, он уехал.	Als er meinen Brief gelesen hatte, fuhr er fort.

Adverbialpartizipien sind **Verbalformen,** die auch Merkmale von **Adverbien** haben.

Das **Adverbialpartizip** besitzt

wie **Verben**	wie **Adverbien**
Aktivformen unvollendete und vollendete Formen eine Rektion	nur eine unveränderliche Form, die zum Verb treten kann

Adverbialpartizipien bezeichnen eine **zusätzliche Handlung,** durch die die **Haupthandlung näher erläutert** wird. Beide Handlungen werden vom **gleichen Subjekt** ausgeführt.

Es gibt im Russischen **zwei** Adverbialpartizipien:

- das Adverbialpartizip der **Gleichzeitigkeit**
  гуля**я** – чита**я** – открыва**я** – покупа**я** *etwa:* spazierend – lesend – öffnend – einkaufend
- das Adverbialpartizip der **Vorzeitigkeit**
  прочита**в** – откры**в** – купи**в** *wörtlich:* gelesen habend – geöffnet habend – eingekauft habend

§ 68 Adverbialpartizip der Gleichzeitigkeit

1. Bildung des Adverbialpartizips der Gleichzeitigkeit

Чит**а́я** книгу, она стоит у кассы.	Das Buch lesend stand sie an der Kasse.
Крич**а́**, он упал в воду.	Schreiend fiel er ins Wasser.
Громко сме**я́сь**, они идут по улицам.	Laut lachend gehen sie durch die Straßen.

Das Adverbialpartizip der Gleichzeitigkeit wird vom **Präsensstamm** ↗ **GBH 1 § 7 unvollendeter Verben** gebildet, an den das Suffix **-я-** (nach Zischlauten **-a-**) angefügt wird.
Die Betonung des Adverbialpartizips auf -я, -a stimmt mit der Betonung der 1. Person Singular Präsens überein.

Infinitiv	**Präsensstamm**	**Suffix**	**Adverbialpartizip**
чита́ть	чита-	-я-	чита́**я**
крича́ть	крич-	-а-	крич**а́**
смея́ться	сме-	-я-	сме**я́сь**

Bei den **Verben auf -ся** lautet das Adverbialpartizip der Gleichzeitigkeit auf **-ясь (-ась)** aus:

удивля́ться	удивля́**ясь**
ложи́ться	лож**а́сь**

Die Verben auf **-авать** bilden das Adverbialpartizip unter Beibehaltung des **-ва-**, das sonst im Präsens entfällt:

дава́ть	да**ва́я**
узнава́ть	узна**ва́я**

2. Gebrauch und Übersetzung des Adverbialpartizips der Gleichzeitigkeit

Сто́я у окна, он прочита́л текст телеграммы.	Am Fenster stehend, las er das Telegramm.
Он прочитал текст телеграммы, **сто́я** у окна.	Er las das Telegramm, am Fenster stehend.

Das Adverbialpartizip der Gleichzeitigkeit tritt fast ausschließlich in der **Schriftsprache** auf. Es wird als **Adverbialbestimmung** gebraucht.
Es ist meist durch eine weitere Adverbialbestimmung oder ein Objekt erweitert. Das erweiterte Adverbialpartizip **(Partizipialkonstruktion)** wird stets durch Komma(s) abgetrennt.

Она любила читать лёжа.	Sie las gern im Liegen.
Она любит читать лёжа.	Sie liest gern im Liegen.
Она будет любить читать лёжа.	Sie wird gern im Liegen lesen.

Das Adverbialpartizip der Gleichzeitigkeit kennzeichnet eine **zusätzliche Handlung,** die **gleichzeitig** mit der **Haupthandlung** verläuft, unabhängig davon, ob sich die Haupthandlung in der Vergangenheit, Gegenwart oder Zukunft vollzieht.

Das Adverbialpartizip der Gleichzeitigkeit lässt sich in der Regel in **verschiedener Weise übersetzen:**

Гуляя по парку, я отдыхал.

- **als 2. Prädikat**
  Ich ging im Park spazieren und erholte mich.
- **als Nebensatz (Adverbialsatz), z. B. *als Temporalsatz***
  Als ich im Park spazieren ging, erholte ich mich./
  Während ich im Park spazieren ging, erholte ich mich.
  als Modalsatz
  Indem ich spazieren ging, erholte ich mich.
  als Konditionalsatz
  Wenn ich im Park spazieren ging, erholte ich mich.
- **als Partizip**
  Im Park spazieren gehend, erholte ich mich.
- **als präpositionale Fügung mit Substantiv**
  Beim Spazierengehen im Park erholte ich mich./
  Durch das Spazierengehen im Park erholte ich mich.

Dem durch **не verneinten** Adverbialpartizip der Gleichzeitigkeit entspricht im Deutschen die Konstruktion **„ohne zu“ + Infinitiv.**

Он уехал, **не говоря** ни слова.
Er fuhr fort, ohne ein Wort zu sagen.

§ 69 Adverbialpartizip der Vorzeitigkeit

1. Bildung des Adverbialpartizips der Vorzeitigkeit

Сде́лав уроки, они пошли в кино.	Nachdem sie Schularbeiten gemacht hatten, gingen sie ins Kino.
Принё**сши** грибы, она приготовила обед.	Nachdem sie die Pilze gebracht hatte, kochte sie das Mittagessen.
Обрати́**вшись** к гиду, он спросил меня.	Nachdem er sich an den Reiseführer gewandt hatte, fragte er mich.

Das Adverbialpartizip der Vorzeitigkeit wird vom **Infinitivstamm** ↗ **GBH 1 § 7 vollendeter Verben** gebildet.

Man geht zweckmäßig von der **maskulinen Singularform des Präteritums** aus.
– Lautet sie auf **-л** aus, so wird dieses durch das Suffix **-в** (selten **-вши**) ersetzt.
– Lautet sie auf einen **anderen Konsonanten** aus, so wird an diesen das Suffix **-ши** angefügt.

Infinitiv	**mask. Prät.form**	**Suffix**	**Adverbialpart. der Vorzeitigkeit**
сде́лать	сделал	-в	сде́лав
принести́	принёс	-ши	принёсши
обрати́ться	обратился	-вши-	обрати́вшись

Bei den **Verben** auf **-ся** lautet das Adverbialpartizip der Vorzeitigkeit auf **-вшись** aus:

верну́ться	верну́**вшись**
оде́ться	оде́**вшись**

Die Zusammensetzungen von **-идти** bilden das Adverbialpartizip der Vorzeitigkeit mit **-шедши:**

войти́	→	во**ше́дши**
вы́йти	→	вы́**шедши**

2. Gebrauch und Übersetzung des Adverbialpartizips der Vorzeitigkeit

Der Gebrauch des Adverbialpartizips der Vorzeitigkeit gehört ebenfalls der **Schriftsprache** an. Wie das Adverbialpartizip der Gleichzeitigkeit wird es als **Adverbialbestimmung** verwendet.

Прочита́в газету, я писала письмо.	Nachdem ich die Zeitung gelesen hatte, schrieb ich einen Brief.
Прочитав газету, я пишу письмо.	Ich habe die Zeitung gelesen und schreibe (jetzt) einen Brief.
Прочитав газету, я буду писать письмо.	Sobald ich die Zeitung gelesen habe, werde ich einen Brief schreiben.

Das Adverbialpartizip der Vorzeitigkeit bezeichnet in der Regel eine **zusätzliche Handlung,** die der **Haupthandlung** des Satzes vorausgegangen ist, gleichgültig in welchem Tempus letztere gefasst ist.